读者文摘精华

精华

（原创励志版）

我还有梦，
梦在远方

DUZHE WENZHAI JINGHUA YUANCHUANG
LIZHI BAN
WO HAI YOU MENG MENG ZAI YUANFANG

沐小朵◎主编

北京工业大学出版社

图书在版编目(CIP)数据

读者文摘精华：原创励志版. 我还有梦,梦在远方 /沐小朵主编. — 北京：北京工业大学出版社，2016.11

ISBN 978-7-5639-4937-3

Ⅰ. ①读… Ⅱ. ①沐… Ⅲ. ①文摘—世界 Ⅳ.①Z89

中国版本图书馆 CIP 数据核字(2016)第 236141 号

读者文摘精华(原创励志版)·我还有梦,梦在远方

主　　编：沐小朵

责任编辑：钱子亮

封面设计：壹诺设计

出版发行：北京工业大学出版社

　　　　　(北京市朝阳区平乐园 100 号　邮编：100124)

　　　　　010-67391722(传真)　bgdcbs@sina.com

出 版 人：郝　勇

经销单位：全国各地新华书店

承印单位：三河市兴国印务有限公司

开　　本：880 毫米×1230 毫米　1/32

印　　张：9

字　　数：167 千字

版　　次：2016 年 11 月第 1 版

印　　次：2016 年 11 月第 1 次印刷

标准书号：ISBN 978-7-5639-4937-3

定　　价：28.00 元

因为有梦，所以披星戴月

（代序）

我们没有选择出身的权利，但我们可以选择怎么活着。

你可以选择安于现状，碌碌无为地度过这一生，你也可以选择不甘平庸，追逐自己想要的生活。一旦你做出了选择，就不要怨天尤人。

往往都是有梦想的人，拥有更多幸福。他们知道自己想要一种怎样的人生，并义无反顾地去追求，个中艰辛，自己体会，就算撞到南墙也不回头。

你要知道，这个世界上，没有谁比谁过得更容易。既然你选择了出发，就不要畏惧前方。道阻且长，你也要咬牙走下去。只有这样，你才能成为独一无二的自己。

很久以前，曾看过一篇文章，叫作《一米远的天堂》，里面有这样一段话：

一片漆黑里，我们摸索着那扇通往天堂的大门。曾经的我们以为它离得太远，一次跌倒，两次绊足，三次相撞，便轻易地在无助中绝望,在绝望中崩溃,在崩溃中懈怠。然而终有一天,我们还是看到了天堂的模样。回望起点,那却不过是一米的距离。

人生没有捷径,更不可能一路坦途,只能坚定不移地走好脚下的路。很多人在一次又一次的挫败中渐渐迷失了自己,开始止步不前,甚至选择放弃。他们不知道,或许勇敢地迈出那一步,前方就会豁然开朗。

其实远方并不遥远,只是我们的内心还不够坚定。大多数时候,我们都是输给了自己的心。心若亮了,脚下的路也便开阔了。

年少的时候我们渴望发声,有一点儿成绩就恨不得让全世界都知道。随着心智的成熟,我们才渐渐明白,曾经拼了命地想被人看到,只是内心不够强大,只能依靠那些外在的东西填补内心的空虚。而真正的成功,是在这个浮华的世界中,不管是身居高位还是声名远扬,始终保持一颗澄净的心。不喧哗,自有声。

人世间最幸运的事情,大概就是能够遇到心意相通的人相伴而行。缘分有时候真的是个很奇妙的东西,它可以让两个没有交集的人相识、相知。所以当缘分到来的时候,请一定要珍惜。

人这一生,唯爱和梦想不可辜负。任风雨飘摇,切不可将就了梦想。

本书中收录的故事,关于梦想和远方,关于成长道路上的一点一滴,有得意有失意。但无论如何,我们都要对未来充满期待。

如果你也有梦想,请记得带上它。远方不远,行者无疆。

目 录

第一章　该拼搏的时候，不要选择逃避

第二章　只要心答应,就没有到不了的远方

第三章　有生之年,遇到你是我最大的幸运

第四章　总有一次流泪,让我们瞬间成长

第一章

该拼搏的时候,不要选择逃避

任何时候,不要总想着给自己留退路。因为人一旦有了退路,就很容易变得懈怠和懒散。目标一旦认定,就铆足了劲儿去做吧,义无反顾地走下去,就算再苦也要甘之如饴。

别让安逸成为你的羁绊

大盈莹

生活原本有很多种可能性,但安逸的生活却会遮住人们的视线,以为自己看到的就是整个世界。在你选择安逸的时候,这个世界上还有很多人在打着鸡血拼命奔跑。看看那些奔跑着的人,别让安逸成为你的羁绊。

生活原本有很多种可能性,但安逸的生活却会遮住人们的视线。

那天军子辞职的消息如同一颗炸弹一般惊爆了公司上下,所有人都表示震惊,但当听到有人说军子的家人托关系给他找了一份更好的工作时,也便觉得理所当然了。

我所在的工作单位,不是什么世界五百强之类的大企业,也不是什么机关事业单位,而是一家老牌国有企业,它可以给很多人所谓的"稳定"——你不辞职,不违法犯罪,没有大奸大恶,没有严重违反公司制度,就不会被开除。没有压力,从而也没有动力。很多人都是削尖了脑袋挤进这家企业,拿着勉强能够维持基本生活的工资,享受着所谓的"稳定"。

能够拥有一份这样的工作,对生活在这个海滨小城的人来说，已经是非常不错的了。所以当军子辞职的消息传来的时候，所有人都觉得十分惊爆，于是有人猜测一定是他有了更好的去处。虽然只是猜测，但貌似只有这样才会更加合理，人们才会愿意去相信。我跟军子也只是业务上面有一些接触，除此之外，并没有太多的交集，所以也没有过多询问，像所有人一样，相信他是有了更好的去处。

后来，我看到军子的朋友圈里一连更新了好几天的行业新闻，跟我的家人同一行业，我知道这个行业里没有与我们企业类似的"稳定"，也不是大众眼中的"更好的工作"。实在忍受不了强烈的好奇心，我点开军子的头像，问他现在是不是在从事这个行业，得到军子的肯定回答之后，我说："当初我们都以为你是因为有了更好的工作才辞职的。"军子说："虽然当时辞职的时候还没有找到另一份工作，但我觉得我现在的工作的确比之前好一点。"我不解地问："怎么会呢？这个行业压力那么大。"军子说："你真的愿意一辈子重复一样的生活吗？"

我被军子问得哑口无言，说真的，谁又能喜欢这样日复一日、年复一年，没有希望也不会有绝望的生活状态呢？但是我真的没有勇气离开，外界的竞争那么激烈，我不知道自己能拿什么去拼。

军子说之前他也这么想过，有对安逸生活的留恋，还有对未知压力的恐惧。但是在某一个清晨醒来时，他突然觉得自己的生活是如此没有生机，就像一株不死不灭，但再也无法茂盛的枯木一般，让他迫切地想要逃离。他不想在二十几岁的年纪，就看到五十岁的生活，那种看不到希望也没有绝望的生活才是真正的绝望，连挣扎都找不到落脚点。他还年轻，他还有梦想，他对未来还有美好的憧憬，这样的"安逸"让他几乎丧失了所有的动力和力量。那一刻，他告诉自己，必须跳出这个"牢笼"，让自己去看一看外面的世界，给自己一个机会，看一看另一种可能。

于是第二天，他便辞职了，就是这么一个冲动的决定，但是他非常感谢自己的冲动，摆脱了安逸，让自己看到了更大的世界和更多的可能。

回想当初自己刚刚毕业怀着满满的凌云壮志来到这家企业，一开始是那么努力，恨不得将所有的工作都自己包揽下来，让所有人都看到自己的能力。但是在这样一个安逸的环境中，看着一张张毫无生机的面孔，再高涨的激情，也有恢复平静的时刻。每天朝九晚五准时上下班，整天听着上了年纪的同事们抱怨自己的工作如何繁重，却从没有见到他们怎样积极努力地工作。那时候我告诉自己绝不能变成他们那样的人。可是安逸和懒散真的会传染，慢慢地我也懈怠了。每次有一点点任务落在自己身上，我不是立即去工作，而是先牢骚半个小时。慢慢地我变成了自己最不想变成的人。

一次，我跟一个从前的朋友抱怨现在的生活状态，我说这不是我想要的，但是我却不得不接受，我快要在这种安逸又懒散的环境中"煮熟"了。那个朋友说："社会节奏这么快，竞争这么激烈，你居然还会觉得安逸，还可以做到懒散，我只觉得每天的时间都不够用，恨不能将一天掰成一个星期来过。"我说："你不是自由职业吗？时间完全由你支配，怎么还会不够用？"她说："我们自由职业的人是一滴汗水挣一分钱，真正的血汗钱。自己不拼，怎么接近理想？"

那一刻，我才发现，我几乎忘记了世间还有"理想"这个词。从前只觉得"理想"是个很俗的词，动不动就谈"理想"的人都很幼稚，现在才发现这是何等珍贵的一个词。想想当初我的理想，想想当初我的抱负，想想当初进入这个企业的时候，我的凌云壮志，如今所有的一切都在安逸中消失殆尽。

那时候，我也想过离开现在的环境，去寻找另一种可能和另一种生活状态。但是朋友对我说："生活环境是外在的，我们无力改变，但是生活状态和生活的可能性完全掌握在自己的手里。你的生活状态不是别人造就的，是你自己潜意识的选择，你没有理由怪罪你所处的环境。"我想辩解，但又觉得她的话是那么不容推翻。她说："你每天的工作量真的满额了吗？闲暇的时候你在做什么？就算是真的满额了，你朝九晚五的工作，基本没有加班，那么下班之后的时间你在做什么？你有想过将这些时间充分利用，去创造另一种生活可能吗？你有想过每天给自己打一点鸡血，给自己一点正能量，去营造一种积极的生活状态吗？你知道这个世界上有多少人工作比你累百倍,却还是打着鸡血拼命奔跑吗?"

是啊,我习惯了安逸,总觉得下班以后就应该是休息和放松的时间,却忘记了这个世界上还有很多人在我喝着咖啡、看着电影的时候努力地奔跑。

那之后,在工作闲暇的时候我不再参与同事们的各种牢骚,而是坐在自己的位置上学习一些新的知识。我也开始积极参加公司举办的各类活动,让自己感受一下工作生活的丰富多彩。下班之后,我开始积极地健身、读书、写字,也开始接触并学习理财投资。

一开始只是觉得生活变得异常忙碌,习惯了安逸的我感觉十分不适应。朋友说:"安逸,果然是对生活最大的羁绊。"

当我坚持了一段时间之后,接触的领域越来越多,认识的人也越来越多,结交了一些朋友,也看到了很多不同的人生。我再一次对自己的生活重新审视,发现当初并不是我所处的环境如何影响了我的生活状态,而是我自己选择了安逸。

近两年,国有企业改革成了一个社会热点话题,我们这样的老牌国有企业也必然要经受重新洗牌。前段时间,本地另一家国有企业宣布破产,那是跟我所在的企业有着"兄弟"之称的企业,它的破产,无疑对我们企业造成了重大的影响。整个企业上下都人心惶惶,那些一直把这份工作当作是"铁饭碗"的人开始坐立不安,他们不知道会不会哪一天一个政策出台,我们的企业也会宣布破产。他们更不知道没有了这个企业,走向社会大环境,他们还能做什么。毕竟这么多年，他们习惯了安逸，几乎没有能力在激烈的社会竞争中再找到一席落脚之地。

有个同事问我："你就没有丝毫的担心和不安吗？"我说："企业的改制是必然的，落后的制度终将是要被淘汰的，担心和不安有用吗？"同事说："如果真的没了这份工作怎么办？"我说："这个社会本来就没有稳定和安逸，只是我们坐在井里，就以为是稳定的。但是大雨来临，水涨船高，将我们冲到地面上，没有了这口井，没有了这个窝，我们才会发现之前的稳定不过是假象。"

那个同事又问我："假如真的有那么一天，你打算怎么办？"我说："我可以做一个自由职业者，写写文章，写写剧本，做些录音，或者是做些投资理财。我也可以在这几个领域里再找一份工作。"朋友感叹说："还是你有能力。"我说："不是我有能力，而是我没有在'稳定'的环境中选择安逸！"

其实，我很想问他们如今这么担心丢失稳定和安逸，当初为什么不在闲暇的时候努力提升自己，让自己具备"独立生活"的能力呢？

生活原本有很多条路，很多种可能性，只是有人选择了安逸，才会遮挡了视线，成为一个井底之蛙，还以为自己看到的就是整个世界。

不要总是等到面临危机，或者失去机会的时候，抱怨生活的残酷，当初还不是自己选择了安逸的生活。

你要知道，安逸，是对生活最大的羁绊！

你年纪轻轻,怎能轻言放弃

龙张张

> 人们生活的目标都是为了让自己快乐舒心，然而生活的道路却有千千万万种。我们要做的就是学会改变道路,实现目标。

初入社会的我们,懵懂无知,一不小心,进入了一个大染缸,被各色的主人挑选。以为自己可以做晚会上靓丽的旗袍,最后却做了田间硬邦邦的青布衫。所以我们难过、抱怨,甚至无所顾忌地堕落,却忘了坚持,和努力改变。

在最后一次整理将要离开的房间,准备搬入新家的时候,一大摞笔记本从书架的角落露出了面目,早已铺满了浅浅的灰尘,如今阳光还是落在了它们的身上。我虽然不常常探望它们,也并未把它们特别珍藏,但我仍然爱它们,它们就是我的过去,我的青春,我的幸福回忆,还有我的悲伤历程。

那本沾满了褐色咖啡印记的笔记本,我记忆尤为深刻。

大学刚毕业那年,怀揣着对美好世界的期待,虽然家人极力反对,但自己还是决定去大洋彼岸看一看。一步一步地解决掉那些麻烦又琐碎的小事,拿到签证的那一刻,虽然大使馆外下着蒙蒙细雨,但我的世界里都是彩虹。

　　我工作的城市不大,可它却有幸被海洋拥抱,许多人在阳光下的沙滩上嬉戏游玩,然而那样的景色与惬意都不是属于我的,因为我的大部分时间都被工作占据。那时的我认为自己做着最下层最辛苦的工作——客房清洁。别人都在沙滩边喝着冷饮晒着太阳与海水亲密接触,而我只能站在高高的客房里,透过自己抹干净的玻璃,快速地瞟一眼远处美丽的大海——海浪一层一层地向沙滩扑过来,却总在快靠近岸边时,又无奈地退了回去。

　　客房服务做的也不过就是打扫卫生、铺床、叠毛巾这些并不需要什么专业知识的工作。我以为这样的工作是不复杂的,但当我第一天开始工作时便不得不承认每一个新工作的开始都充满着困难。英语不太好,让我的工作难度大大增加,带我的老员工开始不耐烦,常常对我大呼小叫。

　　记得刚开始不久的某一天,带我的老员工叫我拿一张洗脸帕,我一不小心递给了她一张擦手帕,不料她将帕子随手一扔,大叫道:"China,you are stupid."(中国人,笨死了。)这句话让我不知该如何反抗,眼泪从心里涌到了眼眶,两秒钟之后又强硬地憋回到了心里。当我刚打开旁边的柜子,准备清洁时,她立马制止了我:"You can't check me, I check you."(你不能检查我,只有我检查你。)那一刻我想告诉她,我没有想检查她,只是想帮忙而已,可是喉咙仿佛塞上了厚重的铅,发不出一个音节,只能默默地关上了柜门。

后来终于熬到可以自己独立打扫房间，心想着总算脱离了老员工制造的苦海，却不料经理开始找我谈话，说我速度太慢，每天都威胁要解雇我。她在我面前噼里啪啦说了一大堆，到最后还好只是扣除了我的午饭时间。

打卡下班的那一刻是最轻松的，因为劳累的一天结束，终于有时间可以坐一会儿，哪怕是在公交车上。夕阳常常在这时候把窗外的树木影子拉长，车窗又折断了打入车内的阳光，光晕印在每一个人的脸上，每一个人都面无表情。

我开始后悔我的决定，我在想，要是不出来，就留在家乡的城市，怎么可能做这么低下又辛苦的工作呢？我怎么可能被别人大呼小叫呢？花了那么多时间与精力，来到异国他乡做一个廉价劳动力又是为了什么呢？我觉得身体和心理都承受着煎熬，可是我不能告诉我的朋友，更不能告诉我的家人，怕他们担心，也怕他们笑话。虽然这个城市很少下雨，但那段日子里，我的世界常常乌云密布。

生活常常也有柳暗花明时，一次偶然的机会，我遇见了Sandy。她虽然没有给我更好的工作，但给了我更好的心态。

在某个休息日逛超市时，一个特别简单的笔记本深深地吸引了我，封面一片干净，只有一个微笑的太阳印在右上角。我没有多想，便买下了它。回家时路过教堂，下午两点多的太阳尤其灼热,于是在附近买了一杯冰咖啡,在教堂里找了个靠窗的位置坐了下来,暂时躲避一下这烈日,顺便给自己放一个短暂的"小假"。树叶在窗外晃晃悠悠,偶尔发出沙沙的声响,仿佛在窃窃私语。前面公路上各式各色的汽车飞驰而过,与这个忙碌的世界如此契合。

"小姑娘,你为了什么发呆呢?"Sandy 将我从另一个世界叫了回来,一不小心,打翻了笔记本旁的咖啡。她连忙说着对不起,一边帮我清理铺满了咖啡液的桌子,一边问我遇到什么事了。

我苦笑道:"我只是在思考一些事,一些工作上的事,乱七八糟的事。"

当她问我来这边做什么工作时,我很怕告诉她。我害怕被瞧不起,事实上也被人瞧不起过。吞吞吐吐了几次,我还是说了出来。

"这是一份很辛苦的工作呢。"

"是的。"

"不过没有关系,你还年轻,不能轻言放弃。珍视这一份经历,不管怎么说,它都将是你未来人生的一份美好回忆,因为也许这一辈子你都不会再从事这样的工作了。坚持下来,以后你会拥有更好的生活。"

我看着她,不知该如何回应。这并不像我所计划好的台词,我以为她会像大多数人一样轻蔑地一笑。

"如果你觉得难过,就哭出来吧,没关系,别人不会知道的。"Sandy 微笑着继续说道。

我也勉强地扬了扬嘴角,眼泪却还是紧追了上来。有的情感再努力压抑,终于还是会忍不住释放出来,尤其是在遇到了理解自己的人的时候。

晚上,我拿出笔记本,沾满咖啡的它还散发着苦涩的味道。我开始用心地记下在这个城市发生的每一件小事,工作的一点一滴。因为就像 Sandy 说的,这将成为我未来人生的一份美好回忆。

之后的日子,我开始改变我的心态,之前大部分的心思都在抱怨经理是多么不近人情,检查的人又是多么吹毛求疵,而后来我大部分的时间都是在思考怎样才能用最快速的方法去叠毛巾叠被子。给家里人打电话时,我常常开玩笑道:"以后家里的清洁工作我全包了,毕竟我才是专业的。"

如今想想,我很感谢这段经历,虽然这对于我后面的工作看似并没有什么大的帮助,但是后来我每次工作遇到困难,忍不住想抱怨想放弃时,总会想到做客房服务的那些日子,再累也比成天到晚打扫房间轻松很多吧。正是有了这段经历,我在后面的工作里不管遇到什么问题都一直努力坚持。

人们生活的目标都是为了让自己快乐舒心,然而生活的道路却有千千万万种。我们要做的就是学会改变道路,实现目标。

如今，我常常看到很多新人微笑表情背后委屈又无奈的神情。某天,在和家人一起吃饭的晚上,我问我的外甥女蕊蕊最近工作怎么样,不料她立即撇着嘴道:"说是什么助理,不过干的是服务员的活,连有的普通老员工也动不动让我端茶倒水。那个林同学,和我一起进公司的,毕业学校还没有我的好呢,凭什么她就可以每天跟着经理跑,不过是长得漂亮又会说话罢了。"

我姐姐也不明事理地掺和了进来:"要不,妹子,你再帮她看看别的工作,这每天端茶送水也不是办法啊,她在家也没……"

"她要是嫌弃那份工作,那就自己去找别的机会。我并没有哭着喊着让她留下来,那个小林,人家读大学时就做过这方面的工作,看看她,连 Excel 表格都不会。在家里什么都不做是吧,那就在家里待着,一辈子都不用端茶送水。就看你能不能让她在家待一辈子。"

最后,那一顿合家饭,不欢而散。分别时,姐姐绷着个脸,外甥女泪水在眼睛里打着转。晚上回到家,仔细想想,外甥女委屈也情有可原,重点大学的毕业生,多才多艺,在院里老师同学基本都知道她,而现在却沦落到给公司普通员工端茶倒水的地步,心里难免有着很大的落差。然而,有什么办法呢?这就是生活,这就是职场,你来自北大清华也好,你能歌善舞也罢,你没有工作能力,没有工作经验,那就得学。既然是学习那就得一步一步踏实地慢慢走。想到这里,我不由得找出了那本沾满褐色咖啡的笔记本，一边翻阅一边回忆，谁没有那么一段辛酸又无奈的过去呢。当我正要合上时，笔记本的最后一页却冒出一行字：

"你还年轻，不能轻言放弃。"

这句话提醒了我，第二天一大早，我便去了姐姐家，将笔记本和一张简单的纸条留给了蕊蕊。

给如此失落的现在的你：

记在笔记本里的是一段初入社会的经历，这段经历里藏匿着青春年少时的期待，对这个世界的期待，和对自己的期待。也许在这段时间里，你怀疑过，痛苦过，然而只要为着自己的目标坚持下来，总会看到彩虹，实现自己的梦想。亲爱的，你还年轻，怎能轻言放弃？

其实，你并不像自己以为的那样忙

简　恬

你每天都在庸庸碌碌，耿耿于怀。不止一次地问自己，无休无止的奔忙，到底有何意义？只是，未曾有人告诉你：厉害的人都厉害得云淡风轻，平庸的人才平庸得忙忙碌碌。

如果不是遇见他，或许我到现在都无法知道余生奔忙的意义是什么。

那是个尚有余温的午后，那位唱歌的少年抱着把吉他坐在车水马龙的街头，一曲一曲高歌着对生活的热情。身边的人来来往往，不时有人侧目，他丝毫没有在意，依旧用高亢的歌声诠释着对音乐的挚爱。

我在他面前驻足，直到迎来了落日余晖，才恋恋不舍地告别。

曾经，我也是个极爱民谣的人。上大二那年因为一腔热血拉着朋友一块儿去买了把吉他，去琴行报了个培训班，然而这份坚持并没持续多久，就被自己各种各样的理由消耗得一干二净。

我想我之所以会被唱歌的他所吸引，多半是因为在他身上

看到了曾经那个想成为他的自己。

那个时候的自己在学校混了个学生干部，又在外面找了两份兼职。于是在文艺追求和现实选择中，那份美好的向往不自觉地低下头来，然后自欺欺人地告诉自己，我没找借口，我只是太忙了。于是等和我一起学吉他的女生能在台上弹唱自如，和我一起学钢琴的姑娘过了六级时，我还在 Am、Em、Gm 三个和弦之间来回切换，还一遍一遍抱怨为什么别人学得那么快，自己却总是学不好。

"我太忙了……""我真的努力了……"每一个说出这句话的人，都是在为自己的失败找借口，都是没有尽到足够的努力，没有让自己成为时间的主人。

因为学会了为自己的懒惰找借口，所以以为一切的不够努力都能得到原谅，甚至还形成了一种谁不忙就好像谁不够成功这样一种错觉。

他不忙吗？不见得。那次告别少年时，因为实在喜欢他的音乐，于是互加了微信。后面我们成为朋友时，我才知道原来他不只是个街头的弹唱少年，他还有自己的乐队，有自己常驻的酒吧。他经常带着他的乐队全国各地演出，除此之外还开了一家琴行，给很多学员做培训。

这些，是他的日常生活。在音乐梦想之外他有时还会抽出时间和朋友去做公益，去做背包客，然后把沿途的经历写下来发表

在微信公众号上，收获了一票粉丝。

你看，年纪轻轻的他生活得如此精彩，是因为他足够忙啊。我知道肯定有很多人会有这样的想法。但我想说的是，他不是忙，他只是学会了管理时间，让自己成为时间的主人，在恰当的时间投入全部精力去做恰当的事。演出时好好演出，所以有了他在音乐上的成就；旅行时就好好感受出行的快乐，所以才有了网络上的一批死忠粉。不懂得管理时间的人，即使再忙也无法成为一个优秀的人。

我真的很忙吗？也不见得。那时候的我，只是为了一些社团的琐碎事情，把自己熬得身心俱疲。一件只需要用十分之一的时间来做完的事非要追求完美用一半的时间来完成，最后呈报结果的时候并没有人因为那多出来的时间给我夸奖和赞赏。

不仅如此，因为想要让身边的人都喜欢，也能给老师留个好印象，于是我忙前忙后，教室里我总是第一个到，办公室里经常最后一个走。

大约半年后，这种状态使我累得苦不堪言，资格证没考下来，学习也一落千丈，而和同学的关系也并不像想象的那么好，即便我鞍前马后地为班级做出了许多牺牲，但这种不带拒绝的牺牲总让同学误以为理所当然。在老师的眼里我也并不算是优秀的学生，因为我只会一味迎合，没有自己的主见和想法。

苦不堪言的忙碌让我重新审视自己，我真的很忙吗？回头看看身边优秀的学生干部,成绩优异,人际关系处理得也很好,最重要的是他们一点也不忙,因为他们懂得把工作分配好,把时间掌控好,利用最好的时机做最有意义的事,然后这样幸运之神就自然而然靠近他们了。

后来,在少年做自己的第四次大型演出前夕,我和他说出了自己的烦恼,他给我订了份计划,我按照他做的计划调整了自己的工作,重新背上吉他去找了我的老师,然后找了一份可以周末做的兼职。没课的时候就练练吉他,每个星期抽三个晚上去上培训课,其他的晚上就一心复习考证,工作上的很多琐事都交给下面的学弟学妹处理,自己只是做些修改和调整,遇到假期了自己也能和朋友一起出去走走,游玩逛街。

于是一个学期下来,我把该考的证考了下来,吉他虽然学得不够技艺精湛,但是基本的大众曲目弹唱也都没问题。至于学习成绩,因为花在上面的时间明显增多,而且上课多少听了一点,所以期末的时候老师自然而然没再说我成绩的事,在第二学期的奖学金评比时,我很意外地拿了个三等。

我把好消息告诉少年时,少年只跟我说了一句话,这句话我到现在都记忆深刻。

他说:"如果你很忙,必然是哪个地方没做对,证明你只是一个疲于奔命的小人物,而不是精英。厉害的人厉害得云淡风轻,平庸的人平庸得忙忙碌碌。"

在现今这个时代，人人都学会了喊忙，都学会了喊累，好像这两个字一出口所有可以偷懒的事都能找到借口，它们成了最廉价最好找的推脱理由。

你真的很忙吗？忙着每天刷朋友圈，逛某宝，再追着某部剧高喊着"全民老公"不亦乐乎？其实半天下来你什么都没得到，不过是在朋友圈点了一圈赞，在某宝又花了一笔RMB，然后沉浸在某剧里无法自拔地继续浪费时间。

其实你完全可以把这一部分时间做个规划，少刷半个小时朋友圈你也不会错过点什么，少逛半小时某宝你也不用成天嚷嚷着要剁手，少看几集剧也能免去你后遗症所浪费的更多时间，而这些省下来的时间，你完全可以用来干一些更有意义的事。敷个面膜看会儿书，去跑两圈做做运动，或者提早半个小时上床休息，都能换来你第二天更好的精神状态。而长期规划下来这些多出的时间，你可以拿它来做些更有意义的事，给自己充充电，去学习一项新技能，多交几个朋友，都是不错的选择。

忙，有时候还是一个伟大而让人觉得羞耻的字眼。

刚工作那两年，因为初来乍到，我又犯了大学时期同样的错，但这一次让我失去的则是一个很好的朋友。

因为一心想要给领导留个好印象，我在公司成天提心吊胆过得小心翼翼，每天鞍前马后忙得天昏地暗。其间一位以前大学关系较好的姑娘知道我的状况，好几次都约我出去见个面放松一下,可我却每次都以要加班,最近在赶一个文案,过几天又要出差诸如此类的理由拒绝了她,直到有一天我因为一点小事被领导骂了一顿后,想找个人诉苦却突然发现通讯录上没几个能说话的人了时,我拨通了她的电话,可接通电话的她却告知我她已经被调离了上海。

我请了假去见了这个姑娘,姑娘领着我在深圳好好转了一圈,但我却发现我们之间和以前有些不同了,每一句话,每一个动作,都是那么小心翼翼,那么客套,那么陌生。或许是许久没有联系,姑娘对我有了一些陌生感吧,毕竟两年来每次都是她主动邀我,而我每次都是说很忙,在忙,过段时间,平时也几乎不联系。这样长久下来累积的陌生感于是慢慢替代了之前的熟悉感,忙,真的是毁坏一段友谊的犯罪同伙。

没事,就和朋友去撸个串,唱首歌,联络一下感情吧!虽然说,好的感情是时间冲不散带不走的,可长久不联系必然会增加彼此之间的陌生感。

从深圳回来后我思考了很多。我是真的忙吗?我把所有的精力都放在了微不足道的小事上,而那些比较重要的工作却总是做得不尽如人意,也难怪领导一直没有给我晋升的机会,因为这些琐碎的日常工作,我放弃了和朋友联络感情的机会,然后自己一步步把这份友谊推进了深渊,再也找不回来。

友谊如此,亲情又何尝不是?有的人,成天忙忙碌碌,忙到昼夜不分,忙到连关心父母子女的时间都没有。记得以前看过一篇文章,是说作者的母亲很想念作者,甚至在患着眼疾的情况下带着家乡特产第一次从农村来到城市，就是为了让女儿吃上健康干净新鲜的水果,母亲一次又一次想尽办法让女儿回家见见面,女儿却每次都不以为然,最后直到母亲去世后女儿才追悔莫及。

子欲养而亲不待,这是多少人后知后觉才会领悟到的悲哀。放下你手中的工作吧,给父母腾出三五分钟打个电话吧,你少打会儿游戏的时间或许会给他们带来最宽慰的关心,他们可以为这通电话高兴好几天,而你,并不会因此失去什么。

忙的意义是什么? 就是在最重要的时间去做最重要的事,并且努力去把它做到最好。

你真的很忙吗? 别逗了,真的,其实你一点儿也不忙。

不是所有期待,都能马上实现

简单小姐

蓝小筱如同一棵枝叶繁茂的松柏树,在狂风中肆意地跳着舞,可是只有她了解逐渐茂盛的过程。而我还在逐渐茂盛的路上……

现在是晚上的十一点五十三分三十二秒,我把家里除了书桌上那盏台灯之外的所有发光物件统统都关掉,你也一定想象不到我只是为了省那么一点点电费吧!房东为了能够挣更多的钱,把书房改建成了除了能够放下一张单人的旧木床外就只能放下一张书桌的小房间。我挤在这小小的空间内,安静地趴在木桌上,一边托着下巴一边旋转着签字笔,翻看着遗落在旧时光里的碎文,在深夜的怀抱里寻找灵感,毕竟明天就是要交稿的最后期限。

隔壁主卧里住着三位神经大条经常忘记关掉水龙头的男生,另外一间住着一对节俭到连内裤烂掉都舍不得买的小夫妻,互不打扰的日子过得非常安静。书桌是面向窗外的,每天晚上,住在喧闹世界的对岸,我都会把窗帘拉开,一个人听着音乐欣赏对面的"星光",独自感慨人生。对于我来说,能够享受一段属于自己的时光真的是件非常浪漫的事情,毕竟大多数时间里我都在马不停蹄地奔波着。你一定不能想象我这样一个女生,每天六点半起床,花几分钟洗漱喝几口昨晚"故意"剩下在晨起洗漱间隙加热的米粥,匆匆忙忙下楼蹬几十分钟的二手脚踏车到达地铁站,然后从地铁的最左边奔向最右边。在你还在想为什么地铁进口有电梯,出口却是步梯或者为什么进口只有步梯,出口却是电梯时,我已经爬完地铁的所有台阶,转完地铁内所有的转角。放心,郑州最繁华地段的办公大厦很少建在地铁的出口处,不然我怎么会有半小时的宝贵时光徜徉在晨曦中呢?然而我在想如果有足够的时间,这条路上的风景在我眼中可以呈现得更加美好。

所以说我的青春时刻处于奔跑状态。

你一定很好奇,我为什么要如此匆忙,同样你想象不到身在大家公认能挣钱的律师行业的我,工资仍然停留在三位数上。直白来说我的工资连我的房租都负担不起,原谅我用了负担两个字,毕竟不是什么好事!

某天我腾出一下午时间,约了蓝小筱聊天。我知道这个全身都散发着阳光味道的女孩会使我心中的向日葵开得更加自信。

那天我见到蓝小筱时,她已经是一位国内非常优秀的健美操教练了。她经常忙着国内国外的一些大大小小的演出,而且还交了一个温暖体贴名字叫白念的男朋友。她姣好的容颜上化着精致文雅的妆,身着材质上好的外套,优雅地搅拌着面前那杯拿铁咖啡,嘴角荡漾的笑意难以掩饰她心中的美丽。

回忆那么久,咖啡杯子里的咖啡却没有溢出来!

她曾经在炎炎烈日大家都埋头准备高考的一节数学课上偷偷传纸条告诉我,她的梦想是成为一名体操界的小骄傲,那时整间教室里都充满了白杨林的颤抖声。高中毕业后,她那个被全班同学和班主任都不看好的男朋友像初春的雪一样消失得悄无声息,尽管她动用了所有与他有联系的朋友也于事无补。直至今日,她仍然想不通他离开的理由,尽管大二时她通过某种途径不顾他的威胁见到过他。大学开学报到的前几天,她的母亲病得很严重,她不得不留下来悉心照顾,因为她家的屋顶都快要看到天上的星星了。她发邮件告诉已经在校一周的我说,她相信一切都会好起来的,仍会对这个世界有所期待,不然呢?

两周后,她背着那个已经被水洗到发白的蓝背包到学校报到。为了能够减轻父母的负担,她所有的生活费几乎都是靠勤工俭学和摆地摊挣来的。大学几年她每天都蹬着破旧的二手脚踏车在郑大校园的松园、荷园和体育馆之间匆忙地奔波。勤工俭学,刻苦锻炼,她如同奔放的青春,驰骋在大学校园的所有角落。渐渐地,日子总算是好了起来,她也似乎可以全心全意地走向最初的期待了。

那段时间她很兴奋地告诉我,梦想在不久的将来就要实现了。可是,当新环境的好奇感一点点流逝,她也如同其他同学一样开始变得手足无措，因为她发现宿舍的其他几位舍友，不是打过国际比赛就是得过奥运冠军，而在高中时期作为尖子生的她在众多佼佼者之中显得那么微不足道。那天晚上我们围着校园的操场不知道走了多少圈后才把模糊的期待渐渐擦亮，记得那天晚上的星星特别多特别亮，而从她嘴里说出最多的一句话就是："会好的！我期待！我相信！"

在很长的一段时间里，我们都忙着各自的功课，渐渐少了联系。后来，每年春节闺密聚会时也总会少一个她，我们笑她大忙人时她也会用很无奈的语气说她要留在学校训练。当全身的疼痛因子都骚动不安时，她也会怀疑自己是不是没有体操细胞，毕竟经过前三年的日夜训练她并没有感觉到任何进步，教练也从未给她登台亮相的机会。那段时间她经常会凌晨发邮件给我说她有时会很沮丧，也会哭泣，但她不想放弃。

在她训练的第四年的某天凌晨，她拨通了我的电话。我猜她是实在按捺不住自己的心情，不然温暖如她绝对不会深夜打扰起床气非常严重的我。电话那端她抑制不住的兴奋顺着电话线传到我的耳朵里，她告诉我她突然觉得她所有训练的动作从未有过的轻盈，教练也决定让她参与某某组织的健美操比赛了。后来，她渐渐地变得自信，变得优雅，全国各地跑着忙比赛。

也是在那段艰苦时光里，她遇见了白念。白念说他从来没有见过哪个女生在一点都没有风生水起迹象的期待里坚持那么久。后来她再也没有提过她那个如同初春季节里的雪的男朋友。骄傲如她,抬头挺胸地走过了所有不堪的岁月。

那天,聊过天之后,坐在书桌前,我给她发了一封邮件。只有六个字的邮件:我期待,我相信!

对于反应慢半拍的我,身边几乎所有的人都认为我在律师界成不了气候。从她们见面就分析律师界多么不好待,工资多么低,或者是律师需要精明的头脑和犀利的口才,劝我及早踏出"祸害圈子",傻子都能分辨出来的语气中,人人都能知道她们并不认为反应慢半拍、说话文绉绉的我可以成为一名合格的律师。

在我看来,梦想这件事情或许对于每个人来说都是孤独的,可是每个人又不是孤单单的。尽管有些人的期待像 APP 里点了的快餐一样几十分钟就能来到眼前,可是也确保不了有些人的快餐堵在了拥堵的花园路上。

2013 年,我大三。看过韩国的一部电影《辩护人》后,我就立志要当一名优秀的律师,所以在大四那年努力复习司法考试,然而并没有取得很好的成绩。毕业后,大家都劝说找一个工资不错又稳定的工作,甚至,也会有人嘲笑说这么笨的人怎么可能会通过司法考试。可是我仍然坚信只要想成为什么样的人,就一定可以成为什么样的人。毕竟上天并不会完全偏袒聪明的孩子,尽管我自以为很聪明。

2015 年 11 月 21 号的画面清楚地印在脑海里,那天我早晨六点起床胡乱地用水洗了一下脸,然后搬着电脑爬回床上。QQ号的司法考试群里,一群疯子傻了一般,各种祈祷。我几乎打开了司法部所有的网页,把信息一一填上,双眼瞪着电脑屏幕,就等八点的钟声一响,手指一点,一年的成果谜底就噔的一下被揭开了。当三七四的数字蹦到眼睛里时我脑袋是傻掉的,大概经过几秒的反复确认后,我拨通了妈妈的电话,告诉她,我过了!

仅仅司法考试通过,距离成为一名优秀的律师还差很远。现在每天为生计打几份小工的我,每天进出法院干些跑腿的小活。虽然期待的不能马上实现,可是始终会来。

几年前的毛衣穿在身上,电台里的歌一直唱着,头发长长了一些。对面的楼房一点点接近天空,天空的蓝色都跑进了我们的内心,文艺女孩也跑出了世外桃源。桌子上的白开水一杯接一杯喝着,电脑文档里的字一个一个多着,银杏树的黄叶子一片一片离开秋天的怀抱。那个脖子上刺着红玫瑰的摇曳女人再没见到,路边小摊上的老人依旧卖着陈旧的老货,大街上摩的司机的吆喝一点都没变小。屋里存放的干粮一点点被啃掉,化妆品瓶子里的水线一点点接近瓶底,水龙头的水一滴一滴地流失着,QQ群里的信息滴答滴答响个不停,荷包里的硬币渐渐地没了伙伴。二号房间的礼物还没有到,冷风却顺着开了的窗户灌了满屋。

礼物既然没到,那么提早离开就是罪恶。

也许你的期待已经在来的路上,也许期待就在你一转身的地方。唯有一点是可以确定的：不管你处在奔向期待的方向的哪条路上,也不管你在此间走了多少弯路,只要坚持不懈,最终你都会成为想要成为的人,做到曾经想要做到的事情。

我仍然骑着脚踏车为了生活忙碌着,仍然在这没有一点风生水起迹象的漫漫岁月里坚持着。因为我懂得我想成为什么样的人就一定能成为什么样的人。虽然我的期待不能马上实现,但是我坚信成功就在来的路上,只要愿意靠近,就会越来越近。

就如蓝小筱所说,不是所有期待都能马上实现。

别急!虽然礼物堵在了花园路上,但还是会来的嘛。

你要活得丰盛，而不是得过且过

沈定山

活着和生活是两种截然不同的概念。如果想要活得丰盛，你需要不断地拆解、粉碎自己，才能期遇更好的未来。

我上初中的时候，有一个关系很好的朋友。时至今日，我已经把我初中的同学基本忘得一干二净，但对她的印象却尤为深刻。倒不是因为我们俩还保持着联系，而是因为她在初中的时候就去世了。

她去世的前一天，还在放学路上跟我一起去学校门口的小卖部买零食吃。我没想到，第二天一早，我就在教学楼的楼梯上看到因为心脏病晕倒的她。那天，我们几个同学配合老师一起手忙脚乱地把她抬上救护车时，她的脸已经涨成了可怕的紫色。我下意识地摸了摸她的手，救护车上的护士不耐烦地把我赶到一边，关上门就走了。那个时候，她的手是冰凉的。

其实她之前就在学校里发作过一次心脏病，不过那次住了半天院之后她就回来了。所以那个时候，我一直以为，最多过个一两天，她就又能生龙活虎地回来学校跟我一起闹。

但是她再也没有回来过。

这是我这辈子第一次意识到：原来死亡离我这么近。

原本，我一直以为，我还年轻，死亡于我还太过遥远。自此之后，我才发现，原来死亡是无处不在的，它不顾年龄，也不管你为人的好坏。现在回想起来，仍旧觉得脊背发凉。我可以接受一个人在耄耋之年去世，但我无法接受一个人死在最美好、最青春的年纪。

但我们都无法预知自己的死亡，所以我们能做的，就只有在尚活着的当下，努力地让自己活得丰盛，我一直这么告诫自己。

前几天递交了辞呈。之前纠结了很久，犹豫再三，终于还是决定辞职。辞职当晚，我在朋友圈发动态说："我的生活必须改变。"

的确，我已经浑浑噩噩地过了好几年。刚工作时的那种激情和干劲早已被消磨殆尽，无影无踪，剩下的只是一身的疲惫。我觉得这不是我想要的生活。至少，这种生活跟我所期待的那种丰盛生活非常不同。

真正让我下定决心要辞职是因为这么一件事：

我一直在一家媒体做科技记者。因为刚出校门不久，在单位资历最浅，所以我一直都毕恭毕敬地对待我的那些同事。于我而言，他们不仅仅是同事，更像是长辈，是老师。平日，他们有什么做不完的工作，都会交给我打下手，而我也总是尽力帮他们完成这些工作。时间久了,这些同事开始认为这一切理所当然。起先我并不想和他们争辩什么,毕竟资历在这里,于情于理我应该尊重这些比我有资历的前辈。但有一天早上,我在另外一家媒体的微信平台看到了一篇和我写的一模一样的文章,而这篇文章的转载来源恰好就是我所任职的媒体。

但作者,并不是我,是一个我一直毕恭毕敬对待的"前辈"。

起初我气不过,拿着这篇文章找这位"前辈"理论,但她并不以为然,甚至连个解释都没有,就又开始安排我帮她完成这样那样的工作。我气不打一处来,开始跟上级反应这件事情,没想到就连上级在得知这个事情之后也只是淡淡地表示:"以后我们会尽力规范一下这些东西。"

没有表态,没有处理,就是不咸不淡的一句话,就把一切这样抹了过去。

那时候,我觉得特别失望。我失望,不仅仅因为我受到了不公平的待遇,更因为我洞悉了人性的黑暗,以及一家媒体麻木的现状。当天晚上,我在朋友圈写下这么一句话:"如果有一天,我变得无耻、卑鄙,到了那个时候,我是否会觉得自己特别可悲?"

也正是这件事情,坚定了我辞职的决心。在这件事情之前,我一直觉得自己找到了一个稳定的工作,只要熬一段时间,我的这些"前辈"就不会再继续把杂七杂八的事情压给我做。但后来我才发现:别人不可能因为你的忍让就会放你一马,相反,你的忍让只会让他们更加肆无忌惮地欺负你。并且,只有在一个合适的、舒适的工作环境中,人才会觉得开心,而我一直在一个压抑的环境中工作,所以我已经渐渐地把工作当成了一个包袱。

递上辞呈的时候,我心里无限明朗。仿佛是一下子拨开了内心萦绕已久的阴霾,觉得整个世界都豁然开朗了。

诚然,有一个稳定的工作对于大部分人来说都是非常重要的,但是这绝不代表我们为了一份稳定的工作、一份稳定的收入就可以给自己施加无尽的压力,让自己日复一日年复一年地做着自己并不喜欢的事情。这样即便你可以维持生活,也会觉得自己活得太累。

人生在世,最终的目的地就是死亡。所以你一味地为了生计而压抑自己、忍气吞声,那你只能算是活着,根本不能算是在生活,更提不上是在享受生活了。这种浑浑噩噩的日子,不应该成为我们生活的常态。

当然,我这么说并不意味着我支持大家遇到不顺心的事就辞职,就撂挑子不干。我的意思是说:我们要尽可能地选择能够让我们感到开心的事情去做。但这种开心,并不是说我们可以随心所欲,而是说我们要有所自持,并有一个合适的目标。不能为了快乐,就浑浑噩噩,不思进取。

真正好的生活状态,应该是清楚地知道自己想要什么,并可以一直坚定不移地朝着这个目标努力。在反思之后也可以清楚地认知到过去一段时间里自身所存在的不足和缺陷。

说白了，一个人最好的状态，就是活得丰盛，而不是得过且过。

最近一直在反思自己的过去。在很长的一段时间里，我一直维持这样的状态：一个人独自写作，直至深夜。很多时候结束写作的时候已经接近三点，台灯微弱的光亮在那个时候看起来尤为刺眼，像是掠过夜空的鸟的白色羽翼。

每次完成写作，都会习惯性地整理自己写好的文字。每次整理，都会看到一个文件夹，里面存的都是我过去写的东西。那时候有梦想，想当一个作家，所以经常写一些自己喜欢的文字。

但现在，我很少会再去打开这个文件夹。因为自从我工作开始，我已经很少有时间去写我关心的事情，去写那些我喜欢的文字了。相反，我开始为了鸡毛蒜皮的小事烦心，开始成为别人的廉价劳动力。

现在再看当年自己写下的那些文字，也会觉得青涩稚嫩，甚至有些还让自己觉得可笑，但回想一下，那个时候的生活真的是好啊，总觉得有一些时间写一写文字就很满足。

正因如此，我想辞掉这份压得我喘不过气的工作。因为它已经让我忘了我当初的梦想是什么。我不想再这么得过且过。

是时候，重新拾起以前的梦想，继续努力，继续前进。

前一段时间频繁地曝光媒体人自杀、离职的消息。我想，这些人都有一个共同点，就是心有不甘。

想想自己，做了那么多年自己不喜欢的事情，写了那么多年自己不喜欢的文字，没有四处游玩，没有追过一个自己喜欢的人，甚至没有谈过一场恋爱……我觉得这样的生活太枯燥。

似乎，我最美好的年华，都被自己搁置了。

好在，一切还不算太晚。我知道，有些不甘心可以改变，有些不甘心一辈子都无法更迭。所以，趁着自己还年轻，还能折腾，我想好好折腾一下，虽然不知道最终能不能成功，但总归到了垂垂老矣的时候，不会后悔自己没有坚持自己的梦想。

我觉得这样就够了。

我不希望在我死的时候，感慨自己一生碌碌无为，惋惜自己一生蹉跎岁月。我也不希望自己的将来还和现在一样，碌碌无为，找不到方向。

所以，趁还活着，趁自己还没老，我想努力让自己活得丰盛。我并不指望着有朝一日自己可以成为一个风光的成功人士，但我一直告诉自己：既然生而平凡，那就努力活得丰盛，而不是碌碌无为，得过且过。

如果有一天，我们淹没在人潮中，庸碌一生，那就是我们没有努力活得丰盛。所以，趁现在，加油吧。

生命的意义就在于折腾

安小二

生如夏花之绚烂，死如秋叶之静美。生命何其漫长，若平淡无奇过此生，不如热热闹闹过一生。

在厦门的时候，我认识了小雪，一个从武汉过来的姑娘，独自一人背着旅行包，从武汉乘坐火车一路向南，途经一站便下来看看走走，所以这段旅程，一走便是大半个月。

二十七岁的姑娘，单身未婚也没有男朋友，从国企单位辞职只是因为那个工作不喜欢，在安逸的环境中太容易就忘记了曾经拼搏的自己，在枯燥单调的生活中突然发现自己早已忘记了曾经的梦想，所以果断辞职远离父母的唠叨，用旅行来寻找过去的自己。

她说回到武汉就要找一份能踏入文学圈的工作，不论是打杂还是跑腿，只要能进去，其他一切都不是问题。

她说她想去日本看看新干线是不是和漫画里面的一样，尝尝北海道的清酒是不是真的那么迷人。

她说她要去意大利的叹息桥看看，最好那时能有个心爱的人陪着自己一起去,在夕阳西下的叹息桥上拥吻。

她说她还有好多好多愿望没有实现,她说她还有好多事情没有做好,她说她还有很多目标没有达成,她说她的人生不能再平静下去了,因为她的人生已经过去了四分之一,继续待在安逸平和的环境中,她迟早会忘记过去那个"疯狂"的自己。

从安逸的生活中跳出来,踏入一个自己从未接触过的领域,要面临年龄的压力、婚姻的压力、赡养父母的压力等困阻,但是她还是义无反顾地去做了。遵从自己内心的想法,跟着自己的心走,生命也会因为这个改变而变得意义不凡。

从无忧无虑的人生中逃出来,明明知道会有怎样的后果和结局仍旧义无反顾地逃了,只是因为还有很多事情没做,只是因为还有很多应该尝试的冒险还没有尝试。

从平淡无波的人生中脱离开来,只是因为不想年老时回忆往昔只有寥寥数语,只是因为不想只有一次的人生就这样平平淡淡、无波无澜地过去了。

不管结局好坏,不论成绩如何,至少曾经努力过,至少漫长的人生路会因为这个小小的转折而变得不一样,至少年老时也能在炉火旁和后代们说说自己当年的那些事儿,至少平凡的生命因此而变得不凡。

厦门的初春,海岸边上,咸湿的海风吹在脸上,让人无比清醒,小雪穿着一件单薄的T恤衫,靠在青年旅行社的木制栏杆上，目光悠远但是带着亮光，她笑容平和，声音轻柔，一点一点地说着大学毕业那几年的故事。

小雪一直是个有些叛逆的姑娘。中考结束后，她不顾家里人的反对，执意要去一家私立的学校读高中；顺利考上大学，又选了一个所有人都不看好的专业；在大学读了四年，本专业应该考的证书一张没考，反倒学起了与本专业八竿子都打不着的日语；大学毕业后，迫于父亲的压力，只好收拾收拾行李，去了武汉的一家国企，日子过得比老大爷还悠闲。她叛逆了十几年，最后在二十多岁的时候终于听话了一回，父母亲都很欣慰，觉得自家孩子终于不闹腾了。

谁知道，稳定的日子过了没几年，小雪就悄无声息地辞职了！最后得知消息的父亲，恨不得用手指指着小雪的鼻子让她滚出去，气得直打战。

小雪趴在栏杆上，换了一个姿势，看着我笑了笑，笑得没心没肺，好像惹父亲生气的那个姑娘不是她一样。我问她："这算不算被逐出家门？"她愣了几秒，紧接着就是一阵大笑："怎么会？过几天小老头自己就消气了！"

一直待在湖北的小雪，辞了职就开始了一直期待但是迟迟没有付诸行动的江南游。十几个小时的硬座，嘈杂的车厢，烟味、泡面味、汗臭味还有旁边大叔的脚臭味，封闭的车厢里那股酸爽就算在厦门的清风中也难以消散。小雪一边说一边皱着眉头，但是说着说着她就又笑了起来,从来没有经历过这样的事情,体验一次还蛮有意思的。

夜晚,旁边的大叔开始打鼾,连熊孩子奔走呼喊的叫声都吵不醒他。习惯了安静的夜晚,在这样的车厢里睡觉休息简直就是一种折磨,小雪睡不着,只好睁着眼睛,看着车窗外面时有时无的灯光,大脑开始不受控制地胡思乱想了。

幻想大海的模样,幻想以后工作的场所,说到这里,小雪顿了顿,她说,她还幻想了以后结婚的样子。一定要举行传统的汉式婚礼,穿汉服盘发髻,这样的婚礼才不会留下遗憾,这样的婚礼才够折腾,这样的婚礼才对得起她闹腾的生命。

小雪一夜没睡,到达厦门时正好是清晨,从厦门站出来,站在这个完全陌生的城市,清晨的阳光洒在脸上,有了之前火车上的强烈对比,觉得这个陌生的城市看着真不错,胡乱想了一晚的大脑,也放松了下来。姐们儿的人生还长着呢,一个坑两个坎的,阻挡不了姐们儿前进的脚步!兵来将挡,水来土掩,生活就应该过得肆意一些。

背着行李包,独自一人在厦门行走,越走越喜欢,最后索性找了一家青年旅行社做起了义工。忙时招待入住的客人,老板不忙,店里也没有客人的时候,就跟着老板到处去玩,吃厦门正宗的美食。

在海边行走,尖锐的礁石,海浪打过来,瞬间就湿了鞋。然而站在礁石上面,身后就是大海,远处是海天一色的美景,大海的波澜壮阔触手可及。天气不错的时候,会一起去附近的山上,陡峭的山路,炎热的阳光,山顶上却能看到难得一见的云雾,缭绕的云雾还带着湿意。

小雪突然想到了什么,瞬间就兴奋了,抓着我的手:"你知道汽车飘移是什么感受吗?太棒了!坐在副驾驶座上的我第一次真实感受到《头文字D》里面才有的热血!"

正因为有了这些不平凡的经历,所以生命才变得多彩,而不是单调的黑白色;正是因为有了这些难忘的记忆,小雪和我聊天的时候,眼睛都带着亮光,那是充满精力、对生活满怀希望的眼神;正是因为把以前一直幻想却不敢去做的事情付诸行动,亲身体验,所以才会在谈论这些时激情满满,从心底里压抑不住地激动。

青旅老板通常不在店里,三月的厦门还是淡季,游客不多,行人稀少。一个人看守着一家店,其实是一种安静的守候,静静地看看书,静静地吹吹海风,静静地在沿海公路上骑单车,静静地思考下一步的方向。

我就是在一个安静的下午,推开了这家店的店门,看到在角落里看书的小雪抬起头,迎着阳光,笑得眉眼弯弯,向我问好。就是这样一个抬眼一句问好,我就喜欢上了这个小姑娘。短暂的交流后,我们俩相见恨晚,迅速交换联系方式,知己往往只需要凭借几句话便能判断出对方是否与自己是同道中人。

从动漫聊到《孙子兵法》，从新疆的薰衣草聊到厦门的沙滩，从帕格尼尼聊到老版《红楼梦》，话题不断，越聊越开心。聊着聊着，话题就变得严肃了，工作、人生，路有很多，似乎不能随意选择。

然而，年轻是一种资本，年轻是最强的盾牌，年轻是最硬的底气。因为年轻，所以你可以不断地去尝试；因为年轻，所以你有时间去改变；因为年轻，所以你可以尽情地折腾。年轻的人生总是不能太安静，年轻的人生最好不要太顺其自然，年轻的人生总是要折腾折腾。年轻时候不折腾，等到年老时再折腾可就折腾不动了。

安静的地方总是会让人多想，胡思乱想得多了，方向也开始乱了，脑子也就越想越糊涂了。所以，人还是不能过得太安静，太平静。若是该做的事情没有做好，想做的事情没有去做，那漫漫人生路，留下的就不仅仅是一声叹息了。

终于，在外漂泊了几个月的小雪，理清了思路，倦鸟要归巢了。从一个行业跨到另一个行业，一切要从头开始，在那个行业她还是白纸一张，但是在熟悉的地方，就算有浮躁就算有不安也会慢慢消散。这一次她回去，面对父亲母亲时不再是毫无底气的姿态。二十七岁，一切都还来得及。

看着小雪收拾好行囊重新踏上旅程，我想我也应该找到一个愿意为之折腾不止的梦想并为之奋斗不息。看着她精神满满地离开,我突然想起我的人生也有很多事情需要去做,也有很多梦想要去完成。

生命不息,折腾不止。

年龄大又怎样? 只要你想去做,年龄就不是问题。没有经验又怎样? 只要你想去了解,你就会想尽一切办法去了解,去积累经验。

生命短暂,我们就应该活得闹腾一点。

人如果没有梦想,那和咸鱼有什么区别

大盈莹

也许有的梦想,真的无关乎能够实现与否,只是为了让自己变得更好,至少不能让自己变成一条咸鱼。

也许有的梦想,真的无关乎能够实现与否,只是为了让自己变得更好,至少不能让自己变成一条咸鱼。

小诗说,她最近在准备教师招聘考试的面试,所以不能来参加我们的聚会了。

我问她:"你不就是在职教师吗? 为什么还要考? "

"这次不一样,这次是市中心的老师。"

"你真有瘾! "

"如果考上的话,我就可以到市中心教学,我的孩子也可以到市中心读书了。"

"亲爱的,你现在可是手上牵个娃,肚子里还有一个娃,你不累啊? "

"累啊,上班累,带孩子累,考试也很累。可是为了孩子,我得努力啊! "

"瘾君子，你好！"

"不说了，我要看书准备面试了。"

"瘾君子，再见！"

那年，我刚毕业进入了现在的公司，认识了同样是刚刚进公司的湘妹子小诗，这个南方姑娘秀气中透着一股子韧劲。

小诗工作踏实认真，每一个任务，哪怕只是做报表、打印文件这样的小事，都像完成一件艺术品一样，追求完美。但这并不代表小诗就甘心在这个平淡的公司、平淡的环境中碌碌无为一辈子。

小诗从初进公司那年开始，就不停地参加各种招聘考试——公务员考试、事业单位考试、教师招聘考试……各种考试，无一缺席。

我看着小诗每天忙碌着工作，忙碌着复习，忙碌着考试，也忙碌着在成绩单面前叹气。我继续过着自己悠闲的小日子，觉得小诗做的根本就是无用功。可是小诗不这么觉得，她说："我不努力，就一点机会都没有了。"我说："然而你这么努力，还是没有机会。"小诗说："梦想还是要有的，万一实现了呢！我可不想做一条咸鱼。""所以，你是在说我是咸鱼？"小诗在我的怒吼声中躲去复习。

小诗一忙碌就是三年。这三年里，她工作得到了上级认可，有了调动，也有晋升，生活中也升级成了妈妈。然而，她始终没有放弃各种考试,如上瘾了一般,我称她为"瘾君子"。

我说:"你职位都已经晋升了,前途一片光明,还要继续各种考试,你真是有瘾!"

小诗说:"我现在是一个妈妈。"

我说:"所以你更应该将精力放在孩子身上啊。"

"给孩子最好的礼物是教给她坚忍不拔,努力奋进!"

"好吧,我不懂育儿,你赢了!"

也许是因为小诗的不放弃,几年的考试,终于轮到了一次"中奖",小诗在一次教师招聘考试中入围了。小诗辞了之前的工作,进入了学校,小诗说,她可以学到和实践更多的育儿知识了。

学校的工作更加忙碌,小诗与我们相聚的次数越来越少,大多数时候都是给她发一条微信,不知道哪年哪月才能收到回复。打个电话,她也总是长话短说,然后跑去备课,或者带孩子。

我以为小诗的愿望实现了,终于可以消停消停了。然而她告诉我她又参加了市中心的教师招聘考试,而此时的小诗,响应政策号召,二胎即将出世。我突然觉得这个南方姑娘不是打了鸡血,而是打了钢铁,已经变成了一个只知道奔跑的机器了。

小诗说,她想趁着年轻还有机会,让自己变得更好。

小诗的话跟 W 先生有着太多的相似,W 先生——一个一直打着鸡血的人。

那年毕业之后,W 先生进了一家小公司做工程项目,随项目组驻扎在齐齐哈尔。去的时候刚好是夏天，从炎热的河北，坐了两天的火车便到了凉爽的齐齐哈尔，W先生觉得自己运气真好，来到了避暑胜地。然而，东北的冬天来得太快，还没来得及反应，就已经跳转到了零下二三十度的模式，河北长大的W先生，显然没有承受过如此低的温度。

那时候，刚好赶上了工程最忙的时候，W先生每天跟着工程队在外奔波忙碌。很多的时候，都是夜间赶路，白天干活，根本没有休息时间。W先生说，最长的一次他连续五天没有挨过床，累了就在车上靠着睡一会儿。零下二三十度的气温，工程都是室外作业，手都冻僵了，也只能搓一搓，接着安装设备，对接线路，调测数据。好几个一起来到齐齐哈尔的人都坚持不下去辞职回家了，只有W先生，没有喊过一句苦，一声累，硬是坚持完成了齐齐哈尔所有的项目。那时候，已经是春暖花开了。他在最寒冷的地方，熬过了最忙碌的时候，也在最忙碌的时候，熬过了齐齐哈尔的零下三十度。

我问他是怎么熬过来的。他说他心里一直有一个目标，想多挣点钱，给他女朋友一个温暖的家，也想证明给他女朋友看，他是个可以依靠的人。

后来W先生来到了T城，换了工作，也换了行业，隔行如隔山，更何况他从事的是一个非常需要人脉的行业。然而在这个陌生的城市，他谁都不认识。他却依然选择尝试一下，挑战一下。

他每天告诉自己,要挣多少钱。看到马路上的豪车,就说以后自己要买辆什么什么车;看到谁家装修华丽的大房子,就说以后自己要在哪个好地段,买套多大的房子。

我调侃他说,他的鸡血打错了,脑子有点进水。

他说,人就应该有个目标,才会有动力。

他的话,让我无法反驳,但我依然觉得他的目标,相对他的实际情况来说太过遥远,那几乎是妄想。

然而,W先生就是这样一个打着鸡血的人,无论目标有多遥远,他都一直拼命努力去接近。一年的时间,他装修了房子,买了车,也有了一些存款。

我说:"你的车跟某个牌子的豪车差太远,你的房子太小,地段也不怎么样。"

他说:"距离虽然还很远,但是我终究是有车有房了,也算近了一步不是?"

"那不是很远,是遥不可及啊,我说!"

"慢慢来,就不会遥不可及,人总要有个梦想,有个目标的,不是吗?不然生活还有什么动力?像你一样,做个咸鱼?"

"你给我站住,啊喂!"

后来,我问W先生,真的那么喜欢豪车和洋房吗?W先生说,豪车、洋房只是一个可以呈现的物质实体,他可以看到,可以用来每天提醒自己。更多的是,他不想在年轻的时候,碌碌无为,辜负了大好年华。他想在可以奋斗的时候,让自己变得更好。

如今,W先生依然每天都在吆喝挣钱,换车,换房。慢慢地,我不再取笑他的遥不可及、痴心妄想。我看着他的脚步越走越稳,生活越来越好,我开始坚信他的那句话:"人都应该有个梦想,哪怕只是一个目标,这样才有动力,才会不停地向前走,才会让自己变得更好,不负大好年华。"

W先生说:"就像你写文章,无关成败,只为梦想。"

说起写文章,我应该感谢的是很久以前的一个朋友Z姑娘。那时候我们还在读中学,Z姑娘喜欢读青春小说。一天Z姑娘对我说想写一本小说,她说,别人可以写,她也可以,她有好多故事想讲给更多的人听。

我当时很羡慕她的才情,也佩服她的勇气,要知道多少人为着语文试卷上八百字的作文都会挠破头皮,而Z姑娘的目标居然是写很长很长的小说。但当时我只觉得她是一时兴起,想写就写了。毕竟只是中学,未来的日子谁又说得好,没承想,她竟然一坚持就是十来年。

前几年我们重逢,Z姑娘告诉我,她依然在坚持写文章,我惊讶之余又觉得理所当然,Z姑娘原本就是一个韧劲十足的姑娘。

我说:"这么多年的努力,却没有太大的起色,是什么支撑着你坚持下来的?"

Z姑娘说对我说,这是她的梦想。

我说,再怎么样的梦想,饮冰十几年,也会凉掉一腔热血吧。

Z姑娘说,有的梦想,无关成败,只想坚持,不想辜负了这段年华。

后来,我也开始写文章,一开始只是想要表达自己的观点,抒写自己的心情,还有一些无法当众说出的话,或者记录自己的生活。写着写着,我便爱上了写文章。前段时间,妈妈知道我在写文章,对我说:"一定要坚持写下去。"我说:"写文章很辛苦的,又挣不到钱。"妈妈说:"有些事情跟钱没有关系,只是一个信念,人都应该有个信念,有个梦想。"我坚定地对着妈妈点头,告诉她,我会一直写下去,无关成败,只想坚持。

有一句话说得好:"梦想还是要有的,万一实现了呢。"其实细细想来,很多梦想,并不一定为了实现,或者只是为了让自己变得更好,为了不负年华,也应该有个梦想,至少不能做一条咸鱼。

趁年华正好，邂逅最好的自己

秦　勉

我始终相信，你尽有苍绿。趁青春年少得以邂逅最好自己，才是人生至美。

此时，午后阳光正浓，我穿着红色的亚麻及脚长裙，慵懒地依在藏蓝色软软的靠垫上。打开手机短信，一首极短的诗跃然于屏幕——你尽有苍绿。张爱玲评这首短诗时曾这样说过：在苍绿中有安详的创楚，她不是树上拗下缺乏水分褪了色的花，倒是古绸缎上的折枝花朵，断是断了，可是非常的美。

我浅笑嫣然，我知道，这是三年前的她，留给三年后的她的，邂逅暗语。

同样，这首短诗，也是她将趁年华最好，邂逅未来最美好的自己。我深信，她未来的邂逅，当如今日的邂逅，是人生至美。

她是我最好的闺密，小衫。

2013 年，沈阳大雪纷飞的冬天，小衫背着大包小包，踏上了去往北京的飞机，开启了她的北漂生涯。彼时，世间茫茫白雪，了无生机，不知何时才能再见一抹新绿，就如她未知的未来，彷徨、焦躁、担忧。

做出去北京的决定是突然而又决绝的。小衫在单位心思恍惚地纠结了一整天,夜晚裹着星辰到家,她站在客厅想了许久,想到父母为她找这份别人眼中艳羡的事业单位工作时的种种不易;想到了单位中清水挂面般死气沉沉的工作流程;想到了尔虞我诈宛如《甄嬛传》的各种人际斗争;想到了五年后的自己,或许没有一技之长,被社会所抛弃。

小衫走到父母为她置办的位于十七层的房子的阳台上,看着这座城市星星点点繁花似锦的灯光,吹着冷风,给父母打了个电话:"我想去北京,我想成为一名律师。"意料之中,父母在电话那头大声斥责:"你的这份工作别人想得到都得不到!女孩子,安安稳稳的就行了……"

小衫一言不发,默默听着父母在那头歇斯底里地训斥,然后,抠掉手机电池,将手机和电池从十七楼一扔而下。她扔掉的不只是手机,还有多年来的压抑,父母逼迫她按他们的安排去生活的压抑。

她面部冰凉,带着肆意纵横的泪水打开笔记本,订机票,收拾衣物。那一刻,她只有逃离牢笼式的生活的决绝。她的脑海中胸膛中总在重复一个多年来都让她荷尔蒙深度升高的经历。那是一段痛苦的经历,整段经历都是蜿蜒前行。

高考考数学时,小衫带着高烧参加,做错了三道大题,分数下来时，只能上一个三本院校。朋友极尽嘲笑，亲戚邻居们也都开启自己的"毒舌属性"，父母也多加指责，毕竟一向给他们争脸面的女儿，这次让他们在人前丢尽了面子。小衫内心苍凉，完全没有勇气再坚持复课一年，重新高考。

那时的她，孤独无依，像极了一个被遗弃的孩子。为了远离一片狼藉的指责和舆论，小衫抱紧了三本院校这唯一的救命稻草，怀着可能前程黯淡的勇气，逃跑似的去学校报到。

当她怀揣着一点希望踏进学校的时候，她以为一切喧闹终将与自己隔绝。但是事实上，天真的想法只维系了几天，便不攻自破。专业老师并不看好这个寡言少语的孩子，因为在她看来，法律专业除了要掌握专业知识之外，利索的嘴皮子也是一名律师出人头地不可缺少的法宝。

而这个孩子，显然并没有这方面的天赋。

糟糕的境况在不断地蔓延，那段时期，小衫如同造物者手中的失败品，什么都做不好，注意力像手中的沙子一般怎么握都握不住。课文理解不了，丧失阅读能力，法律条款、单词统统在跟她作对，连最简单的问题都会堵住她的嘴。考试更不用提了，考前总是睡不好觉，刚迈进考场全身就开始发抖，像个从来没有上过战场的士兵一样。

小衫一直溺在泪水中，从未上岸，深度抑郁，一度心生退学的想法。她深夜想给母亲打去电话，想要获取安慰，可又害怕家人的责难,于是她只好自己硬撑着。为了防止自己再胡思乱想,她报了八门选修课,把自己的时间填得满满的。为了应付每科超过六千字的论文,她总是第一个跑到食堂去打饭,背日语,背法语,做英语听力,背法律常识,虽不至于像匡衡一样凿壁偷光,但是只要有光的地方,她都待过。

在不停歇的灌输之下,她的大脑勉强接受了来自外界的压迫,虽不能到达天才的地步,但是起码恢复了正常的记忆功能。四年的大学生涯也即将在马不停蹄中落下帷幕,为了能够得到好的工作机会,她到处参加比赛,只是为了让自己在与聘用单位较量时能够多一点筹码。与此同时,她还要忙毕业论文。在有限的时间内打一场不能失败的战争,是那时她的唯一目标。

多少次,她跟我说:"我是为了一口气,为了跟自己斗气,为了跟家人斗气,才狠心地对自己,我要证明给自己看,证明给父母看,我很优秀! 我能行的! "

努力的人,上天总是特别眷顾的。小衫毕业论文很惊艳,老师对她很是满意。而此时,小衫也收到了三家律师事务所发出的Offer(录用通知)。小衫迫不及待地给父母报喜,他们的女儿很优秀,他们的女儿和名校重点本科毕业的研究生一起竞争,最终胜出,拿到了律师事务所的Offer。

她觉得父母应当为自己而自豪。

小衫的父母在听了小衫的讲述后,没有惊喜,没有鼓励,只冷冷地抛下一句："毕业后，回家，家里都安排好了。工作稳定，过两年，相亲结婚。"

那一刻，小衫四年的执念瞬间坍塌。四年的努力，只为了证明自己，却似乎成了一件卑如尘埃的事情。小衫无法拒绝父母，父母在当地也是有头有脸的人物，按照父母的圈子里的行事法则，必然是要安排好子女的未来，必然不允许姑娘一个人在外地打拼。她是一个孝顺的姑娘，即使内心有各种不愿，也从不敢，也从未曾在台面上表述自己的不满。

小衫回到了家乡，成了别人眼中羡慕嫉妒的"白富美"。她有房、有车、有工作。可是，小衫更加焦虑难安，内心抑郁像压着一块巨石，她对我说，这块石头快压得她喘不上气，她快窒息得要死了。

她无法再忍受，每天在单位里像僵尸一般重复流水线般的工作，她怀念大学四年期间为了学日语，为了参加比赛，夜以继日有目标、能奋斗的日子。

"我还年轻啊！我年华正好，为什么我要在这里接受父母的一切安排，为什么我不能走？为什么我不能奋斗出我想要的生活？为什么我不能成为我最想成为的那个自己？"小衫一遍一遍地在深夜给我打电话，诉说着同样的话语。

我一遍一遍地安抚她，但是无用。小衫焦虑得夜夜失眠，头发一把把地往下掉。终于，在她的一个领导准备安排她参加晚上一个必须喝酒的饭局时,小衫所有催眠自己留在沈阳,按照父母指定的人生轨迹生存的意念,全部崩塌。

小衫决定辞职。

去北京,成为一名律师。

到了北京的小衫,从头做起,偶尔也有对未知生活的怯弱和犹豫,偶尔也会跳出是否还要再在北京坚持下去的念头。

但最终,小衫还是在事务所坚持了下来。为了能够追赶同事的步伐,她过上了每天哒哒哒飞速敲打键盘的生活。为了跟进一个案子,她常常整夜都在做准备,等到一切就绪时,晨光也恰好如期而至。她大学时曾经光鲜的外表如今已是黯然。

我问小衫:"后悔么,不要那些稳定的生活?"

小衫总会抬起疲惫的脸庞,给我一个生机盎然的微笑:"不会。我现在的努力,就是为了将来邂逅最好的自己。"

小衫还告诉我:"最难熬的时光要学会一路狂奔,不要多想,也不要把希望寄托在别人身上。人生来便是要努力的,你可以哭泣,但是不要忘了奔跑。"

她的笑容,灿如雨后夹裹着彩虹的白莲花,清新而让人愉悦。

所有人都有选择自己生活方式的权利,所有人都有自己奋斗的方向,所有人都应当不负时光。或许,所有人,也应当如小衫一般,趁着自己年华正好,拼一拼,只为邂逅最好的自己。

正如小衫给我的那首短诗一般:你尽有苍绿。

她值得获得所有美好。如今,小衫成为北京最著名的律师事务所的招牌律师之一，不仅成为三年前她逃离沈阳时所期望的自己,也成了父母现在口中的骄傲。

我合上手机,闭上眼睛。阳台桌上的咖啡香醇扑鼻。我们是这世间最美好的女子,我们总是在自己最美好的时候,邂逅自己心中那片宁静上点点泛起的涟漪。于是,我们为之不停地努力,奋斗。最终,我们能坦然地嫣然巧笑:趁年华正好,邂逅最好的自己。

不去拼一把，你永远不知道自己有多大能量

栗　子

花开的时候敬请绽放，花落的时候才会没有遗憾。所以，有梦想就尽力去实现，这就是对时光、对生命的把握。

花开的时候敬请绽放，花落的时候才会没有遗憾。所以，有梦想就尽力去实现，这就是对时光，对生命的把握。

我从未曾想过，她会做出那样的一个让我惊讶的决定。

当我知道文文要出国的时候，我内心的想法是，这姑娘肯定是又受什么刺激了。每当她看了个电影或者去了一个地方，她的思维都会改变一下，不过这种改变也仅仅限于一周之内。只要过了这一周她就像是得了失忆症一般，再也不提她当初所做的决定，就算你想要拿这个调侃她一下，她也会很淡定地对你说："这一定不是我说的。"所以当下的我对于文文的这个出国决定，也只是一笑置之。

但文文这次却着实让我大跌眼镜，在她通知我要出国的一周之后，我们在肯德基见面，当我看到捧着一大堆资料出现在我面前的文文时，我可以想象得到我当时的嘴巴里一定可以放只

鸡蛋。显然文文对我的表现也很满意，她坐下后把那堆资料推到我面前，告诉我说，她这一周所干的唯一的一件事情就是收集资料，她已经决定要去加拿大了，城市首选温哥华，因为温哥华的气候比较温暖。她还说本来她比较向往欧洲国家，不过那边现在实在是太危险了，根据她自己的自我保护心理，近二十年都不会去那边就更不要提留学了。而亚洲国家呢没有她想去的，所以思考来思考去就选择了北美洲的加拿大。我一边翻着她找的这些资料一边听她的分析，又推算了一下时间，现在的我才真正意识到，文文要出国这不是一个玩笑，她是认真的，比每一次都要认真！

我不知道是什么样的原因促使文文做出出国留学这么大的决定，但是我知道即使我现在反对也没有什么太大的作用。我知道像文文这样一个自我保护意识极强，希望自己永远生活在安稳的地方的女孩，一旦她做出一个决定，就很难挽回。即使所有人都反对，她也一样会不回头地走下去。

文文说她想去加拿大学习插画设计，然后就在那边定居。她做出的这个决定让所有人都大吃一惊，好多人都不理解为什么她不留在国内安安分分地找一份工作，或者不工作就留在国内找一所不错的院校读书就好，没有必要去加拿大那么远的地方，人生地不熟，没有亲戚朋友在那边，出了什么事情也只能靠自己，一切都要从头开始。

这样的种种困难文文说她都有想到过,并且也因为这些犹豫过,可是每一次她想放弃的时候,她的内心就总会出现一个声音告诉她,她不可能一辈子生活在别人的保护下,不去经历外面的世界。她不想守恒,她想创新,她想让自己的人生,让自己的生活充满激情,而不是像现在这样一成不变,就像死水一般。别人总是说人生一定要来一场不顾一切的旅行,或是为了爱情,或是为了友情,或是为了梦想。而对于这些别人也只是说说而已,真正去行动的又有几个。她不想只是说说或者只是想想,她想去做。也许其他人会觉得她很自私,她父母供她上学那么多年,她非但没有给予回报反而还要变本加厉,出国那么远发生些什么事情家人朋友都会不安之类的。但她就是想去拼一把,也可以说她想把这次当作一场豪赌,无论输赢她都尽心了,她不想让自己的人生留有一丝的遗憾。

在接下来的时间里我看到了从来未曾见过的文文,她神采飞扬,浑身充满了活力,每天在不停地忙碌。她知道自己的语言功底不过关,所以在找到语言学校报名上课后就开始勤奋苦练,我们每次通话或者发信息我能听到或者见到的无一例外都是英文。托她的福,连我这个不需要考雅思的人,都觉得英语水平有了质的飞跃。除了每天学习英语和集训美术之外,她还要把自己去加拿大的机票和半年的生活费挣出来,因为她和家里人说要出国的时候,也一并把她去到加拿大后的计划说给了家人听。她的父母只需要资助她上学的费用和半年的生活费，其他的就都由她自己来。当她跟我说起她要自己挣留学生活费的时候，我整个人的惊讶绝对比她说出要出国时来得夸张。要知道一个普通留学生在第一年出国留学时候的开销有多大，即使非常节省地花钱也不会是一笔小数目，况且还是像文文这种要求生活品质的女生。她这是等于把自己的退路都堵死了。现在的我完全在文文身上看不到当初的她的影子，我重新认识了这个女孩。

雅思考过后的她开始专心致志地弄作品集，她所要考的学院是艾米丽卡尔，这所建立在 1925 年有着九十年文化艺术气息的学校。而艾米丽卡尔对于申请者作品集的要求也是完全对得起它在世界艺术院校中的排名的。我看过文文的一些绘画作品，我觉得很有思想，创意与立意都很不错。不过在她找完北京的一个专门帮助学生弄作品集的老师后，我发现她开始有些迷茫了。那个老师在看过她的作品后，建议她延后一年申请或者换一所学校申请，因为以她现在的水平来考艾米丽卡尔有些困难。她虽然有创意也有立意不过都太浅了，按照艾米丽卡尔的风格来说，无论是在人文环境方面还是在政治历史方面，都需要深层次一点，不要流于表面。可是对于还很年轻见识还不是很广的文文来说，她现在所能达到的水平已经是她最好的程度了。

文文也曾来问过我是不是应该再推后一年，可是如果推后一年结果还是一样的话，那么这一年来所付出的就都白费了。这是第一次我面对文文提出的问题只能张嘴却发不出声音，我不知道怎么劝她，也不知道怎么帮助她。我们两个很像，生活过得平平淡淡，没有什么大风大浪，一切都是那么顺其自然，唯一不同的也就是她这次的重大决定。而她所遇到的困难，也只能靠她自己去解决。我无能为力，甚至连安慰的话我也没有办法讲出来，因为我清楚地知道是她的路就只能由她来走，该由她自己做出的选择也只能由她自己做出，我和其他人所能做的就只有安静地在一旁静静陪伴。

最后文文还是选择了在今年考艾米丽卡尔，这可以说在我的意料之内，毕竟她是一个有了计划就一定要去完成的人，哪怕有困难也要去做，尽管这个困难大于她自身的能力，但不是还没有到尽头嘛，那么一切就还是有希望的。

她开始除了画画以外大量地阅读，大量地看电影，来提高自身的修养与内涵，其实以前她看过的书籍与电影也不少，不过都是一些她感兴趣的。而现在她所看的所读的都是经典，就连在绘画时听的音乐都不再是流行的，而是那些经过起伏后的经久不衰的音乐。这是一个能用来提高能力的方法，我再次看到文文的作品时，就看出了一些不一样的东西。总觉得有些改变，但是具体的一些东西我也说不上来，这可能就是隔行如隔山吧。

作品提交上去以后，我每天都在紧张地等待着。与我这种紧张的状态截然相反，作为主角的文文却是很轻松的，每天做着

Cosplay（角色扮演）的服装，然后拿到网上挂卖，一切仿佛又回到了以前。她说就算她现在紧张也没用了，东西已经交上去了，她已经尽了自己最大的努力，与其紧张得食不知味、夜不能寐，还不如安之若素、淡然处之。

经过这一年的拼搏，我从文文的身上感受到的是以往她没有的沉稳与从容，那个整天与我讨论谁和谁应该组成 CP（角色配对），哪部小说好看的女孩已经成功地蜕变成了拥有梦想、拥有力量，可以发光发亮的女孩。所以艾米丽卡尔的 Offer 下来的时候我们在一起感叹：天空的辽阔与否，都是由自己创造的，这种情况上帝是无能为力的，能给予力量的也只是自己。曾经认为是那么难的一件事情，其实只要你放手去做，勇敢地迈出那一步，其实你就已经成功一半了。永远不要做一个只是说说而已的人，一定要去把你说的变成你做的。当你断去一切退路，勇敢地前进的时候你就会清楚地知道自己的力量究竟有多大，自己能够做的事情究竟有多少。

在《鸟儿的理想主义》中我看到过这么一段话："人生之路，机遇与挑战并存，成功与失败相连，我们所应做的就是善待人生，向往和追求成功，但也不惧怕失败，我们不一定拥有美丽的风景，但，我们完全可以创造美好的心境，以此去努力和追求。于是，我们的前方将会有坦荡的旷野和蔚蓝的天空。"

希望还在追梦路上的你，可以勇敢向前，让自己的人生变得浓烈而丰盛。

所谓的幸运,不过是天道酬勤

果登儿

我们大都不是绝顶聪明之人,只能一边前行一边寻觅方向。走的路多了,总能发展一个出口。

那时北京正值酷夏,我从首都机场接的她。她穿着一条蓝色牛仔裤,条纹上衣,白色运动鞋,衣服已经很旧了,但她神采奕奕,瘦了很多,成了真正的美女。她是我的学姐,李舒。

北京下午的阳光依然毒辣,我们两个人坐在公园的长椅上,晒着太阳,好像这一片阳光可以治愈这么多年积累的伤痛。我工作习惯不好有些职业病,她却是劳累过度。

她虽然是我的学姐,但其实比我还小几个月,高考我复读了一年,所以小她一届。

其实我们的学校挺差的,三本,在石家庄,地理位置也不是很好。这种学校,有人肆意挥霍青春,有人极度努力,我师姐绝对是最努力的人之一。

认识她是在操场上,她在晨读,我戴着耳机跑步。一时兴起就说要和她一起读英语,她特别热情,说也要找个人互相监督。和我说话的时候她笑得特别好看，其实人长得也好看，就是有些胖。

刚进大学，懵懵无知，却又对一切充满好奇，我问她，你是想考研还是去工作。

她说，我也不知道，先过了四六级吧。然后她拼命地学英语，可是结果却不很理想，四级还算可以，六级考了三次才勉强过线。

大学的时候，除了和宿舍的人一起玩，大概都是和她腻在一起吧。每次开学的时候，她都会给早早地去占座位，每次都是两个，挨着的，从来没有被别人抢过，因为她每天都在那里。我经常出去玩，上自习的时间不多，但她从来不会怪我，有时实在看不下去了才会给我打电话："登儿，好几天没上自习了。"

她的大学生活就是这样过的，宿舍、图书馆、自习室三点一线，每个学期都得奖学金，但得第一的次数不是很多。没有青春的张扬和堕落，平淡单调，唯一的色彩是每个假期的出游，去很远的地方。

大三下半年，她决定考研，目标是中山大学。从石家庄到广州，蜗牛在地图上都需要爬行很长时间，但她依然坚定。坐了三十个小时的火车跑到人家学校上了一周的自习，回来开始了真正的修炼模式。

五点半起床；六点准时出现在操场；七点半准时吃早餐，打一壶热水拎到自习室；剩下的时间有课的时候上课，没课的时候绝对在自习室看书。

大四上半年她开始跟着学弟学妹们再听专业课,每次还非得坐在人家第一排。我们都是学中文的,课程并没有大家想象的那么容易,文字、语法其实非常枯燥。教室里的同学有的在玩手机、聊天,还有些小情侣在那里打情骂俏,大胆的根本就不来上课,弄得她倒成了老师手里的宝。下课后她还缠着老师问各种问题,跟她上过两次课,发现她问的问题有时很弱智,还嘲笑过她。

考试前两个月她开始失眠,一宿一宿地睡不着觉,睡不着就起来看书,脸色非常憔悴,只是一如既往,坚持到底。

终于,考研来临,两天的兵荒马乱,生死抉择。考研结束的那天晚上去了她的宿舍,去了自习室,去了图书馆,去了操场都没有找到她。当时我有一种不祥的预感,或许考试出了什么变故。

见到她的时候,她依然微笑,却刻意回避关于考研的问题,我当时肯定不能体会她的煎熬,直到第二年我带着累累伤痕走出考研战场的时候,才明白那种此路不通的感觉。

大学最后一个寒假结束,她终于还是没有看到期望中的奇迹,关于考研这场华丽的战争,她毫无声息地退场,看着别人的欢乐。

任何伤痕,无论大小都需要时间平复,好像那段时间苍天故意要给她折磨,因为接下来要写毕业论文。她的导师是个更年期的老太太,反复无常,一切结果只是看心情。

我师姐绝对是我见过的最认真的人,对人对事都这样。

在这个时代,本科毕业论文大多是拼凑而成,在我们学校更是这样。只有她在图书馆借了各种各样的参考书,在网上下了好几百篇的专家论文参考。忘了她的论文题目是什么,不过古文字方向的题目,都挺难驾驭。她写出了自己的想法,每个字都是原创。结果却是每次都被驳回,连个理由都没有。

我知道她是一个对仪式非常重视的人,她想用毕业论文给自己的大学一个圆满的结局,但导师似乎不给她机会。论文答辩前一周,所有同学都已定稿,导师告诉她重新开题,这意味着什么?读过大学的人有几个遇到过这样刁钻的导师。可她无力反抗,一周时间,几乎没怎么睡觉,好歹把论文交上了。

答辩的时候,三个老师轮番发问,我不知道她是怎么招架的。最后还是她自己的导师评定她不过,好吧,接着改,最后的最后,她依然是一个极低的分数。

离校前的一天,她约我去操场,说要跑一万米,和这个大学做个了结,要我帮她做个见证。在石家庄,六月的阳光都能晒伤人的心灵,中午跑一万米,作死的节奏,但是她要做的事儿我不会拒绝。

一万米,四百米操场二十五圈,两个小时的时间。看着她起跑,坚持,脚步从轻盈到沉重,看着她浑身湿透,看着她沿着红色的跑道走完最后三圈。当时我哭了,但没让她看到,还和她说,学姐你好胖。

没有她的大学总觉得缺少什么,没有人给我占自习室的座位,没有人督促我去学习,寂寥了很多。

生活依然在继续,每天走过甬道,看着幽暗的灯光和小亭子的光影就会想起以前下自习的日子。

那几个月和她联系得很少,只知道她一直在家养病,身体很虚弱,大四一年她经历了太多。

接着她回到了石家庄,做化妆品电商,每天写文案,包装各种神奇的效果。她的工作让我有种感悟,无论曾经的梦想多么轰轰烈烈,无论有过多少阻拦,一切都会归于平静,看透生活的只有诗人,只有他们知道梦想在生活面前有多无力。就像我学姐,拼了那么多,最后还是和那么多人一起做着大多数人都能做的工作。

有天晚上,我正在自习室玩游戏,她打电话给我,说来学校看我。我们一起在四餐厅吃着辣辣的担担面,她告诉我她想出国。她说出来的时候,我感觉一下子轻松了,她的生活本来就不应该是平静如水的,拼了那么多不就是想给自己一个不平凡的交代吗? 现在的生活绝对不是她想要的。

辞了工作,开始学托福,在南二环租了一间小屋子,每个月才三百块钱,人很乱很杂,大多是做生意的小贩,单身女孩子不是很多。

房东听说她是学习的,要把房间里的小电视机搬走,她说不用,要看看自己的自制力到底有多大。

她说那时候,睁眼闭眼都是英语,墙上贴的都是单词句子。听力都是硬着头皮听的,外教老师让回答问题,她都是第一个。她和同学们的关系很不好,别人不喜欢她出风头的样子,更多的是对她口音的嘲笑。我知道她不会因为这些退缩。有天晚上一个大叔很粗暴地砸她的门，嫌她说英语的声音太大，影响到别人休息。大叔说话很难听，她说自己并没有感到委屈。

十二月，石家庄很冷，租的小房子里没有暖气。她问我有没有多余的被子，我说有，还给了她一件羽绒服。后来她又还给了我。那是她学托福过程中我们交流最多的一次。

她的托福成绩不错，开始申请美国的大学。

"登儿，我打算过去先读两年本科，再申请硕士学位。"她语气平静地像在说明天去上自习。

"你考虑好了吗？"

"嗯！"坚定地让人无法质疑。

为了省两万的中介费，她自己做申请材料，越是辛苦忙碌，越是觉得未来有希望。

最终她从首都机场到加拿大到美国的一所社区大学，不知道叫什么名字，就像我们学院一样没有什么名气。同学大多数是黑人，但都很有活力，还有位同学是老人。

我考研失败，来到北京，开始工作。我们彼此都很忙，又有时差，从没刻意去交流，只是留言告知最新状态。

"登儿，我开始上课了，原来英语也有方言。开始好多同学都想和我做同桌，但是他们听不懂我说什么，好多人不理我了。"我开始担心，她的生活是不是很孤单寂寞。

"我学会开车了,买了辆二手车,实际上不知道几手了,红色的,好神奇!"她原来这么时尚了。

"在学校申请了一份工作,教数学,加上餐馆打工,生活费可以自理了。"她那么烂的英语去教学生,她可以吗?

"登儿,我出去玩了,给你发几张照片,空气很好,你看那么多南瓜,好大,我都抱不过来。"看来她生活得还不错。

"登儿,又该考研了,想读计算机,感觉好难。试试吧。"作死的她又开始异想天开了。

接下来好长时间没有她的消息,知道她在努力。

那天早上是个周末,还没起床,手机响了,很怪异的号码。

"登儿,康奈尔大学计算机专业,这次我做到了!"她哭了,这么多年第一次。考研失败没有哭,被导师折磨没有哭,学托福那么苦没有哭。

"想回国看看了!"

"我去接你!"

现在看来,每种经历都是故事,每次失败都已成烟,其实我们自己知道我们本身真的不是那么厉害的人,可是那么多人看到今天的你都觉得是上天在眷顾,所有都是因果,而所谓的幸运也不过是天道酬勤。开挂的人生,大多有过无数个日夜的积累。

你要知道，没有谁比谁过得更容易

Rosamonde

这个世界上，谁又比谁过得更容易呢？珍惜已有的幸福，实现心中的目标，我们便会成为最快乐的人。

去年四月份，我到 G 市出差。以前的大学同学李欣在 G 市一所中学任教，于是我们约好一起聚一聚吃顿饭。因为她那天上午正好有两节大课，所以我们将吃饭的地点定在了她执教的学校附近。那天，我提前十分钟到了饭店，而李欣则在四十分钟后才姗姗来迟。

"对不起，对不起，"李欣一进来就连声道歉，"有个学生课后来问问题，一讲就不知不觉到这会儿了。"

她之前在来的路上就给我打过电话解释，我朝她点点头表示谅解。她满脸歉意地放下包，坐下，招呼服务员上菜。我打趣她："你这任课老师也是够尽职的啊！"

李欣是师范科班毕业，按她的说法，自己是从没出过校门。从小她就在父母的熏陶下立志做一个老师，毕业后也顺利地在家乡一个公立中学拿起了教鞭。说起来，她一路顺风顺水地从学校到学校,顺利完成了从学生到老师的身份转变,应该是实现了自己的人生理想的。她还在工作两年后,嫁给了同一所学校的一位数学老师,从此夫妻俩夫唱妇随,也算一段佳话。她事业、爱情双得意,俨然我们平常所说的"人生赢家"。

但显然,已有四年教龄的她并不那么认为。她苦笑着回应我的打趣:"实在是没有办法,学校分配我做班主任,带升学班,教学压力大。只能下苦力气提高一个是一个。如今升学率几乎是学校衡量教师工作的唯一标准了。"她摇头叹气,整个人都有些疲惫颓唐,完全没有了昔日指点江山,放言要做"人类灵魂工程师"的昂扬意气。

"好在你们还有寒暑假,再加上那些国家法定节假日,差不多小半年都在休息呢,你也要看开点。"

李欣笑得更酸涩了。"对升学班来说,哪有真正的寒暑假,虽然现在明令禁止补课,但是一则家长不放心,二则许多双眼睛也在盯着升学率呢!尽管不补课,但延迟放假、提前开学总免不了的。再加上班主任和任课老师基本上都要提前一周到学校准备新学期开学事宜,所以零零整整凑起来每年的寒暑假也就那样了。更何况,那些假期的时间基本上是平常上课挣出来的,班主任要全天坐班,主课老师要带自习,大概每天六点开始带早自习,直到晚上近十点结束晚自习才能回去。平常还要备课、批改作业和试卷、处理学生问题之类的,"她熟悉得如数家珍,"每学期开学后我都睡不上一个好觉,事实上,每次放假的时间我都放在补觉上了……"她的话被手机铃声打断,她连忙接起电话,我便去了趟洗手间。

等回到饭桌时,她的电话还在继续,只是电话那头的人似乎情绪很激动,连隔着一段距离的我都能听到对方咆哮的声音:"你是怎么做人家老师的!你必须要给我们一个交代!不然我去找你们校领导!去教育局投诉!"

"请慢慢说,不要激动……"李欣的话还没说完,对方已经啪的一声将电话挂断了。

我有点纳闷地望向她,她无奈地看着我,道:"是一位学生家长,说是自己孩子整天逃课,成绩太差,老师也不管,骂我们没教好。"她顿了顿,道:"其实学校真的已经想尽办法了,这小孩不管你怎么苦口婆心地劝说,都只是斜着眼一脸不屑地看着你,问也不答,说也不听。现在的小孩又很敏感,说重了都怕出事,更遑论体罚了……之前就有个男老师半夜去网吧捞学生,那学生硬是不肯跟他回学校,那老师便硬拽着他回去,后来还被家长以扭伤了胳膊为由告到了教育局,最后老师还背了个处分……刚才那位家长的小孩是前天晚上我查完房后不知道从哪里翻墙出去上网了,早上回来的时候翻墙跌伤了脚,我昨天去医院看他,据医生说要在医院至少住一个月……"

我不知该怎么回答她,原以为受人尊敬的神圣职业应该安逸无比,哪知背后有这么多的辛酸。我不忍继续看她情绪低落的样子，便转移话题道："对了，怎么没看见你家刘老师？"刘老师就是李欣的老公，刘宏。

"他去省里参加课题研讨会去了，"她也配合着我，不再提那些琐事，"你这次出差会在 G 市待多久啊？"

"应该明天办完事就能回去了。小孩太小，放心不下。说起来，你跟刘老师计划什么时候孕育爱情结晶啊？"

"唉，都不是我们能计划的，学校教师资源少，老师休产假都要排队的。我们从前年就开始排，还不知道什么时候能轮上。"

我有点震惊："我本来还以为你应该是我们这帮同学里活得最自在的了。"她没有说话，低着头沉默良久，才道："我其实最近在考虑换工作，但心里还是舍不得那些可爱的学生。自从我长大成人，有了自己的想法之后，我从来都对自己一辈子都会站在三尺讲台上这个认知深信不疑。教书育人，教完一代又一代，倾其所有地告诉孩子们我所看到的、知道的一切，一直是我平生最强烈的愿望。可是这几年下来，我越来越感觉到自己的麻木……"她的声音有些哽咽。

那顿饭我们俩都食不知味，李欣后来又被学校教务处一个电话叫走了，她挂完电话后，熟练地紧扒几口已经凉了的饭菜，匆匆跟我道别便赶去了学校。

后来，我们都各自忙着自己的生活，很少联系。直到前一阵子，我在李欣的朋友圈看到了几张照片。照片中，有漫野的油菜花田，有花田隐映的农村小学，还有一张张红彤彤笑得灿烂的孩子的脸。我看到李欣在花田间双臂舒展,双目微阖,神色一片安然,全然没有上一次见面时那种焦虑与愁苦。她在朋友圈写道:感谢刘宏同志陪我任性一回。从此以后,镜里形骸春共老,灯前夫妇月同圆,一起做对地上仙吧! 原来她果真放弃了在城里稳定的教师工作,和她丈夫一起,到了一所遥远偏僻的乡村小学支教。她说,自己在自由清新的空气里获得了重生,走了那么多的路,原来那就是她想要的生活。她说,自己现在很快乐,也很满足。原来快乐就是那么简单。

以前听过这么一个寓言故事,说的是一位坐拥天下的国王,他每天都不快乐,他问教堂的大主教:"我怎样才能快乐?"主教告诉他,只要找到世界上最快乐的人,穿上那个人的衣服,他就能变得快乐了。于是,国王下令士兵在全国寻找那个世界上最快乐的人,并将那个人的衣服带回来给他。士兵们几乎问遍了所有人,但无论是大臣、地主,还是奴隶、农民,他们每个人都说着自己的各种烦恼,他们并不觉得自己是最快乐的人。直到有一天,一位士兵在经过一片树林时看到了一个牧羊倌,只见那个牧羊倌哼着小调自在无比,士兵便问他:"你是这个世界上最快乐的人吗?"牧羊倌开心地点着头说:"是呀,我就是这个世界上最快乐的人。"士兵接着又问:"那可以借你的衣服给咱们的国王用一下吗?因为听说只要穿上你的衣服,就可以变得快乐了。"听了这话,牧羊倌笑了,他对士兵说:"难道你没看见吗? 我就这么一件破衣服，还舍不得穿呢。"

人们总是祝福与祈愿着万事如意、一切顺利，但世间的事又哪能全然依照个人的意愿进行呢？每个人都有自己的意愿，人与人之间的许多意愿甚至是相悖的：张三坐到了公园的椅子上，那李四便坐不了；A 公司中了投标，那其他共同竞标的公司就肯定得不到那次的标的项目。遗憾的是，我们大部分人都只看到了自己失去的，却并没有留意到自己所拥有的，所以我们不快乐。

可事实上，谁又比谁过得容易呢？就像一张 CD，它有 A 面和 B 面，而人同样也是如此，有光鲜亮丽的 A 面，必然也有辛劳苦痛的 B 面，我们不能只接受自己的 A 面，而拒绝自己的 B 面，更不该只盯着别人的 A 面，还拿来比照自己的 B 面，甚至由此而心生不平，怨怒不已。饭碗稳定的公务员注定每日要面临日复一日枯燥的文山会海，假期多的教师从来三更起、五更眠，打工仔为保住饭碗战战兢兢，创业者随时承担着倾家荡产的风险。劳力者滴着血汗，劳心者熬着生命，其实，没有谁比谁过得更容易。

但这并不代表我们不能选择快乐，恰恰相反的是，我们随时都能选择快乐，只要我们肯脱去"衣服"。脱去名声所累的"衣服"，脱去追求功利的"衣服"，脱去贪心，便只剩知足。脱去"衣服"，我们便能成为世界上最快乐的人。其实人生快乐的真谛不就在于此吗？珍惜已有的幸福，争取想要的目标。不忘初心，方得始终。悦纳自己，知足常乐。

第二章

只要心答应,就没有到不了的远方

你知道一米天堂吗?很多时候,你觉得未来遥不可及,你总是有千百种借口选择放弃。你可曾想过,那片天堂之于你,只不过是一米的距离。

既然决定出发,就绝不能中途退场

秦　勉

　　所有人都有选择自己生活的权利,有自己奋斗的方向。在追逐梦想的路上,无论我们遇到怎样的困难,都不能轻言放弃。

　　张小花是我的高三同桌。我们之间的关系一般,只是普通同学。

　　毕业之后,我们去不同的城市读大学,再无联系。每一年暑假,我们都有高中同学聚会,聚会中,也难以看见她的身影。不过,她没有出席我们的同学聚会,大家也不会觉得惋惜。

　　在我们这帮高中同学的眼里,她很透明。

　　毕竟共同读书的日子里,她成绩一般,相貌一般,性格更是孤僻得古怪,甚至连一个好朋友都没有。只有我因为与她同桌的关系,才会在每日的学习生活中,有上几句话的交集。

　　转眼五年过去,我们大学毕业进入社会工作也有一年。我已经从懵懂无知、经常犯错哭泣的职场小菜鸟,逐渐明白一点职场上的潜规则,更学会了在与人愉快相处的同时保护好自己,也可以熟练地运用察言观色溜须拍马这一技能。

每日生活似乎都在单位的钩心斗角中度过,并没有学到什么一技之长,曾经最熟练的英语也荒废了起来。

我开始挣扎。我想辞职再去读研,逃离这座繁华城市,回到校园。

于是,我开始筹划着我的未来读书路。

我在高中同学的微信群里,诉说我的纠结,询问大家的意见。

就是这个时候。

一阵夜风溜溜地吹过,把阳台上玫红色的蝴蝶兰扯得摇摇摆摆,我正在痛苦而纠结地一个人抱着一瓶红酒,一边对着微信,继续跟众位同学老友诉说我是辞职读书,还是不辞职继续工作的时候——

电话铃声突兀响起。

是她,我那毫无存在感的同桌。

她说,她今晚到的北京,知道我在这座城市,想约我出来喝点或者吃点东西。

很困惑,她如何得知我的电话。但我答应了她的邀约。

我们约在一个川菜馆的包厢。她依旧是高中时淡淡的神情,言语依旧枯燥没有意思,只是身材由原来高中时的微胖变成了现在的质感的瘦,眼神里似乎也云遮雾绕地掩着一股狠、倔与执着的东西。

川菜馆生意很好,人来人往,火辣爆裂的气氛罩着整个店里的人。我们虽然要的是包厢,阻断的只是店内的喧嚣,气氛却并未完全阻隔开来。

她说,在高中时,她因为性格不好,又不会讲话的缘故,所以没有什么同学愿意和她多讲话。而我,在学校里是唯一一个,能够微笑着和她讲话的人,虽然每天无非也就是几句话,但是能让她有自信,觉得在学校里还是有朋友的,自己的人际关系没那么差。

后来大学期间,她利用所有的时间去学习人际关系,最终还是失败了。她很聪明。她明白自己这种糟糕的人际关系会让自己以后在职场生活中也无所适从,也会一败涂地。

没有丝毫的犹豫,她开始准备考研,出国读研。

雅思考了七次。第一年全力以赴地学习,考了五点五分,后面几次,一直考六分。

六分就是个魔咒,无论怎么学,怎么做习题,哪怕是到了最后,只要一看见练习题就知道答案了,还是突破不了六分。

家里给的压力也很大,父亲对她说:"毕业回家当个老师、当个公务员就好。工作清闲、社会地位高,还不用跟别人打太多交道。"

似乎她性格里被压抑多年的狠劲与偏执,就此被引爆出来了。她对自己说,同时也对家人说:"我既然选择了出国读研这条路,哪怕再难,我也必须坚持下去。一年考不过,我考两年,两年考不过，我考三年！我绝不能中途退场！这种懦弱的逃避，我无法接受！"

第七次考的时候，也不知道是上天垂怜，还是真的用对学习方法了，她考了六点五分。看着成绩，一向不轻易落泪的她，号啕大哭，似乎是压抑好多年的委屈都被哭尽了。她明白，她离自己的梦想，近了一步。

然后是选择学校，递交申请……

最终，她踏上了多伦多的土地。在一片白人的课堂里，听着完全不懂的英文，痛苦煎熬地读书查文献写论文做实验。

那时，她才明白，七次的雅思考试经历，对于在国外求学来说，是最微不足道的困难，或许连困难都谈不上。

她的家境尚可，于是，她的父母又不忍心，看着她一个女孩子在国外求学，求着她回国，他们已给她安排了一个教师工作。在国内，和小孩子打交道，真的不要求长袖善舞的交际。

她拒绝，还是那句话给父母：既然决定出发，就绝不能中途退场。

现在她在国外待了快一年了，各方面还是在努力适应。不过，她的目的没有变，毕业之后，找一份工作，办理移民，最终永远地留在国外。她说在那里，没人会窥探隐私。没人会站在道德制高点上，怜悯你是一个不擅交际、不会说话的人。更没有人或者是机构，因为你不擅交际，就阻碍你的职场晋升。

沸腾在鱼上的红油,热辣辣地翻滚着。包厢内全部都是让人激动的火辣辣的味道。我无法感同身受地明白她经历过多少困难,但我被她的选择,被她义无反顾的执行力,震惊得热血沸腾。

她给我舀了一小碗桂花醪糟糖酿,搁在我的跟前。桂花一片片肆意舒卷着花瓣,温暖恬淡地漂浮在碗中,随着一缕缕的热气,桂花的香味漫在厢房内。

她扯着因为很少笑,所以有点生硬的笑脸,诚挚地对我说:"我看到你在高中微信群里说关于辞职的事情了。我不是一个语言表达很好的人。嗯,但是我想让你知道,我一直是把你当作朋友的。无论你选择继续工作,还是辞职读书,我都支持你坚定地做出抉择,这样,你整个人也不会因为纠结而感到痛苦。你会用节省的时间去为你的目标努力,你的日子会充实。如果你有什么用得到我的地方,你说,我肯定全力以赴地去做。"

我拿起加多宝,咕咚咕咚地仰头灌下去。

头抬得很高。

我快抑制不住,要冲出眼眶的热泪。

借喝饮料而高高地抬起头,我极力地控制着她带给我的感动,她从不服输地坚持自己目标的果敢带给我的冲击。

今晚,这个朋友带给我的震撼太大了。

我在悲风悯月、犹豫不决的时候,她的意外出现,让我一时无法冷静地看待自己对未来的决定。我内心的情感复杂难言。

我们吃着,她说她在国外想念了许久的川菜。火辣滚烫的气息不停地刺激着我们的舌蕾,我的内心也如沸腾在鱼上的红油,滚滚翻腾。

晚餐告别后,我拒绝了她邀请我去她的酒店再叙一晚的提议。

长长的回家夜路,我没有打的,没有坐地铁,没有坐公交。

我选择一个人走回去。

夜风似乎小了许多,不再呼啦啦响,它绵软地打在我的身上,吹在我的脑门上。

高考至今,从来没有这么清醒过。

路灯璀璨地照在路面上,街边车水马龙。热闹是他们的,此时,我只有孤独。我一个人思考着,我的未来,我的前程。

她的选择,她朝着目标毫不退缩的执拗劲,一遍遍似波涛汹涌的潮水拍打在我的胸口。那一夜,我久久无法入眠。我的心难以沉寂。当生活将赤裸裸的选择摆放在你的面前,请你选择时,当你已经决定辞职读书时,你又在失态地四处找人寻求一种心理的宽慰做什么呢?

我的内心深处,其实早已就选择好了路,但是,我决定了目标,却因为逃避自我内心的胆小怯弱,而不敢满怀勇气地继续往前走。内心深处,我还想着逃避、放弃。

小花带给我的这一次深谈,让我将隐藏在内心的懦弱的伤口，撕裂扯开后拿给自己看，我不再逃避。

每个人都有自己的想法，每个人都有自己的梦想，每个人都有自己的目标，每个人都有迈出第一步的勇气。但是，却不是每个人都有一直坚持下去的能量。

时间如流水，后来的后来，我辞职了，专心备考。

然后还是留在这座城市，我考上了我理想的大学，我要学高中我就一直想学的新闻学，我终于逃离了整日庸庸碌碌尔虞我诈没有晋升空间的工作。我看到，我的前途，一片金黄耀得人眼睛都疼的光明！

小花又到这座城市看我了。我们成了真正的闺密。

我们相约见面是个火热的夜晚，四处都是干燥的空气。

我想，我们的生活就像天气。有晴天，有阴天。在晴朗的日子里开怀大笑似乎很容易，但在阴雨天里放歌起舞或许需要更多的勇气。

我们所想要到达的目的地和我们坚持的形式有着太大的关系。我们现在拥有什么并不重要，重要的是我们希望未来拥有什么。然后，我们倔强地坚持下去，无论我们遇到什么困难，我们都不轻言放弃，也绝不放弃。

只要我们一直对自己鼓劲：既然决定出发，就绝不能中途退场！就再也没有什么可以让我们低头。

认真对待生活，为自己也为所爱的人

黎 洛

生活于我们每个人而言，都不可能永远风平浪静。面对生活带给我们的各种考验，我们绝不能低头妥协，而是要将心中的爱和信念化作缕缕阳光，将那些阴霾驱散。

参加完研究生复试，返程的途中，我在空间里晒了一张从北京到曲阜东的高铁票："一切终于尘埃落定，打道回府了，有接驾的小伙伴没？"

没过多久，收到了晓夏的评论："洛洛，来曲阜转车吗？ 我去接你，见一面再回家吧。"

距离上次跟晓夏见面，已有将近一年时间。这一年里我们为了各自考研的事情忙得焦头烂额，偶尔在 QQ 上聊几句，甚至连打电话都成了奢侈。

我和晓夏是在高三分班的时候认识的，彼时的我们都被分到了优等班，而且意外地成了同桌。仅仅一年的时间，我们却建立起了深厚的友谊。那时的我，性子比较野，跟男生称兄道弟，整天打打闹闹，为此经常挂点小彩。晓夏看到后总是无奈地帮我涂药,然后呵斥那帮男生下手没个轻重。

我属于自制力不强的那一类人,而晓夏,自始至终都是中规中矩的好学生。她学习刻苦,成绩优异,性格温柔,深受老师和同学喜欢。一直以来,都是晓夏在监督我的学习生活,她会每天早晨给因为赖床来不及吃早饭的我带个白水煮鸡蛋,不厌其烦地检查我的作业完成情况,并且在我上课打瞌睡的时候毫不客气地把我叫醒。我想,倘若不是受到晓夏的熏陶,今天的我,大概不会成长得这样好。

到达曲阜东站的时候,已经接近下午两点,晓夏和她的男朋友已经等候多时。她穿着一件橘黄色的过膝长裙,头发简单地绑在脑后,看起来十分干净利落,依旧清清瘦瘦的。见我过来,她温婉地笑着,露出一对可爱的小虎牙,继而给了我一个大大的熊抱。

一路上,晓夏热情地挽着我的胳膊询问我在北京这几天的经历。她的男朋友,那个和我同一天生日却跟我有着截然相反的性格的小伙子,一直腼腆地笑着,宠溺地看着她,眼睛里尽是温柔。

晓夏第一次跟她男友见面的时候,硬拉着我过去帮她把把关。那时我们刚被大学录取,晓夏读的是师大,她的男朋友当初是大她一届的学长。说起来,我算是他们两个的半个红娘了,因为在他们这段奇妙的缘分里,我也起到了推波助澜的作用。

那天我们三个走遍了师大的每个角落,为了避免冷场,我一直充当一个话痨的角色，开启了自嗨模式，一个人说得眉飞色舞。晓夏悄悄拉住我问道："洛洛，你觉得文渊怎么样？"我看着面若桃花的晓夏，心里大概猜到了七八分，拿她打趣道："文渊兄幽默风趣，满腹才华，你们俩在一起，就是才子佳人，天造地设。"晓夏嗔笑着追着我打："洛洛，你怎么这么讨厌！"而事实证明，我的猜测果然没错。不久之后他们就走到了一起，而且感情特别好，如今已是第四个年头。

不知不觉又到了师大，几年前的场景历历在目。我们在师大门口的餐馆里点了最具特色的烤鱼。知道我最喜欢吃鱼，晓夏不停地往我的碗里夹鱼肉。看着我吃得满头大汗，晓夏乐得合不拢嘴："洛洛，你怎么还是老样子，一点儿淑女形象都没有。""得，淑女有你这个大美女来充当，我只要不辜负美食就好了。"我依旧嬉皮笑脸地调侃她。

在这样一片温馨的氛围里，我们聊起了各自的近况。

"晓夏，你本校研究生也录取了吧？"我嘴里塞了一大块鱼肉，含糊不清地问道。

"嗯，前天刚出的拟录取通知。"晓夏理了理额前的碎发，笑着回答。

"真好，不过，也在我意料之中，毕竟你一直都是个努力上进的姑娘。说实话，我特别羡慕你。如果不是受你的影响，我大概不会选择考研并且义无反顾地去执行了。"我抬起头来，目光坚定地对晓夏说出了心声。

"以前的时候,我努力学习,是为了让我妈开心。她身体不好,还为我们姐弟俩付出那么多,我必须要为她争口气。"说到这里,晓夏顿了顿,"现在她走了,我更应该上进,这样她才能在天国里心安。还有文渊,他这么优秀,我总要有能力与他匹配才好。"说着说着,晓夏的眼角泛起了泪花,我连忙拍了拍她的肩膀,用我的方式来安慰她。

晓夏的妈妈是在我们高考后即将开始大学生涯的前一个星期走的,她在给学生上课的途中突发心脏病,送去医院抢救的时候已经来不及了。而就在前一天,我还看到了晓夏的动态,照片里她妈妈带她添置完去学校要带的新衣服,脸上洋溢着幸福的笑容。

死亡来得如此突然,它轻而易举地将一个人原本的幸福生活摧毁,给了晓夏致命的一击。而肉体凡胎的我们,在死亡面前,显得那么无能为力。

当晓夏打来电话,平静地向我诉说着这一切的时候,我在电话这头早已经泣不成声。

晓夏说:"洛洛,你不要哭,不要为我担心。我还没有哭,为了爸爸和弟弟,我也会打起精神来。"

这就是晓夏最惹人心疼的地方。她坚强、隐忍,无论心里多么痛苦都会强作镇定,转身去安慰身边的人。她从来不去表露自己的心声,甚至都没有好好地哭过一回。

我知道晓夏这些年来承受的所有压力,她表面上看起来云淡风轻,其实只能在每个深夜里独自舔舐伤口。我心疼她,但当安慰的话语显得捉襟见肘时,我不知道如何才能将她心头的伤痛抚平。

晓夏从来不曾抱怨过命运的不公。相反地,她一直以一种积极向上的状态去面对生活。她鼓励她爸爸去寻找新的幸福,因为她的弟弟还小,她希望他能像别的小朋友一样在父母的关爱中健康成长。她认真学习,努力考试,每年都拿国家奖学金。她利用业余时间兼职打工,几乎不怎么开口向家里要生活费。她一有空闲就去图书馆看书,经常一坐就是一下午,丰富了自己的内在。她从不吝啬爱心,用自己的善良帮助身边每一个需要帮助的人。

现在的她,通过一年的努力终于考上了分数线高得离谱的翻硕,即将迈入新的征途,向着更高的目标继续前行。

晓夏经常在我感到无助想要放弃的时候给我留言:"洛洛,我也有几近崩溃的时候,也甚至想过放弃自己。生活总是在无形中给我各种各样的打击,压得我喘不过气来,但总要积极面对。在困难面前,哭闹没用,自怨自艾更没用。我们能做的,就是让自己的内心变得强大起来。不为别的,为了自己,也为了我们所爱的人。"

　　这些年来,还好有晓夏这个朋友,她一直是我成长道路上的良师,在我迷茫的时候及时出现,指引我朝着更好的方向发展。她教会我乐观豁达,教会我心中有爱,教会我认真对待生活。

　　曾经的我不止一次地向家人抱怨自己运气不佳,我没有一个健康的体魄,经常在重大考试的时候发挥失常,总是和想要的结果失之交臂。在这样无休止的悲观情绪里,我甚至一度患上了抑郁症,需要靠药物才能维持基本睡眠。

　　那段时间,家人想尽办法给予我更多的爱和关怀,说话也变得小心翼翼,生怕一不小心,就伤害了我敏感的自尊心。爸妈甚至偷偷打电话给我的室友,让她们多包容一些,多照顾我一些。我无法想象年近半百的父母是如何放低姿态一遍遍近乎哀求地跟和自己女儿同龄的孩子们讲话的。我只知道因为自己的消极状态,亏欠了他们太多的爱。

　　那天吃完饭,晓夏和她男朋友送我到车站。我像个赖皮的小孩一样拉着她的手舍不得放开,直到公交车来到我们身旁。我依依不舍地上车,强颜欢笑地向她挥手告别,在心里一遍又一遍地说着"珍重"。对于在不同城市读书的我们来说,下一次见面,又不知要等到什么时候。

　　其实,当我看到晓夏的 QQ 签名——"记住该记住的,忘记该忘记的,改变能改变的,接受不能改变的",我便知道,晓夏已经坦然接受了生活带给她的所有。纵然生活给了她诸多打击,但她仍然选择微笑着面对一切苦与累。她就像一株向日葵,始终选择向阳而生。因为她心中一直有爱,对身边人的爱,对家人、朋友的爱。

生活本就不可能平静得泛不起一丝波澜,人一生中总会遇到太多的不如意。面对生活带给我们的阴暗面,我们要用心中的阳光将它驱散,从而唤醒一切美好的事物。而这缕阳光,便是爱。

爱,是这个世界上最弥足珍贵的东西。

假如这个世界以痛吻你,也请报之以歌。为自己,也为所爱的人,请好好地生活下去。

你若坚持不懈，美好便会如期而至

莫米米

蝴蝶翩翩飞舞，花朵遍野开放……这些所有的成功都在于它们的坚持不懈，在于它们的万分努力。我们只有勇敢地坚持自我，才会有美好的结局。

每年的生日我都会收到一大束最喜欢的鸢尾，从阿月花店开张的那一年开始，现在算算也有五年了。

我和阿月是从小一起长大无话不谈的闺密，我们有相似的性格，有大同小异的兴趣爱好，都喜欢穿长裙，喜欢长发披肩。我们特别喜欢各色各样的花卉，只有一点不同：我只是纯粹的喜欢，而阿月是热爱。这也是后来阿月能顺利开花店的最重要的支撑。

我们生活在一个大院里面，上同一所小学、同一所初中、同一所高中，直到大学才分开。小时候最喜欢做的事就是在我们放学回家的路上找五光十色的野花，我喜欢摘下来插在家里的花瓶里，而阿月看到喜欢的通常会连根拔起然后小心翼翼地移植到她的"小花园"里（那个时候阿月特地在门前的空地上圈出一小块自己的"领地"用来种花）。开始时我还笑她，觉得那些花野外就有,拔回来栽种有些多余。阿月只是依然默默移植,一直到长大才真正了解,阿月是在为自己以后的梦想一步一步努力。

聊天时经常听阿月说,她以后一定开一家自己的花店,收集很多美丽的花,送给身边的亲人朋友,给大家带来美好的祝福。这时我通常会缠着她,让她答应要第一个送我而且要送一辈子。阿月笑着说:"那是一定的。"本来只当是童年的玩笑,没想到阿月却真的做到了。

无忧的日子总是过得很快,有句话是这么说的,光阴似箭。等我们从懵懂无知慢慢成长到翩翩少年,才知道很多事不是想想就可以的,那些梦想不是说说就会成功,需要我们付出巨大的努力和不可预知的牺牲。

我们从初中到高中,也经历了成长的蜕变,只是阿月对于开花店这个愿望从未放弃过。因为这个爱好,阿月初中大部分的时间都花在阅读关于花卉的课外读物,什么样的花卉适合潮湿的环境,什么样的花喜欢阳光照射,哪种花种植在哪里,什么样的花有怎样的寓意……这些繁杂的事情,导致阿月的成绩总是起起落落。那个时候阿月几乎所有的零花钱都用来买和花相关的书籍。

高中的时候,阿月的妈妈经学校通知知道了阿月成绩不稳定的事情。我仍然清楚地记得,那次阿姨发了很大的脾气,第一次动手打了阿月。阿月就这样犟着脾气一声不吭在院子里任由她打骂,阿姨看着她无动于衷,疯了似的跑回家把她所有关于花卉的书全部搬到院子里,然后一把火烧了。阿月大哭着要救那些书,我爸妈和一些邻居都来劝慰,我吓得死死抱住阿月,害怕她跳入那堆熊熊大火之中。阿月哭得很伤心,阿姨打她的时候她都没有流一滴眼泪,可是看到那堆火焰她哭得浑身止不住地颤抖,我只能紧紧地拥着她,别无办法。

后来阿月一直呆坐在火堆旁,盯着那些纸灰消逝,眼泪一直停不下来,谁劝都没有用。最后还是阿月的爸爸回来了,了解清楚事情之后,坐在阿月的身边,不知道说着些什么,我因为被爸妈强制拉回屋里,只能透着窗户隐约地看着那对月光下的背影……

第二天一大早我带着担心跑到阿月房间,看到她神色安然地坐在桌前复习功课,一时不知道该如何安慰便僵直地站在她身后没有开口,直到阿月发现我的存在,我缓缓地说了自己的担心,阿月半晌才开口:"昨天爸爸和我说了很多,他说,想要实现梦想,在很多时候要学会退让,学会掌握,学会安排。自己还没有能力做到之前,所能做的就是沉淀,只有我们掌握了足够的知识和经验,才能在继续前行的路上有所收获。而现在,我要做的只能是学习,为将来做准备。"

没有意外,阿月的成绩开始恢复原来的优秀,而我因为阿月说的话也继续努力着。我们已经学会不再只是学习基本的知识,我们更多地学着如何运用那些知识，如何了解更广阔的世界。我们顺利度过高中重要的人生转折点，顺利参加高考，之后开始分道扬镳。我因为喜欢文学选择了文史专业，而阿月则选择了农业大学，继续她之前没有完成的愿望。

　　大学生活开始之前还有一段插曲，因为选专业的问题，阿月和妈妈发生很大的分歧，阿姨让她选择教师职业，觉得工作稳定收入不错，对于那个时候的家庭来说，这个职业似乎是最好的选择。而阿月这次不打算放弃自己的选择，她是瞒着阿姨选定的专业。阿姨知道后再一次闹得天翻地覆，大声训斥着阿月不懂得父母的苦心，辜负父母的期望，一直嘤嘤哭着，还是在阿月爸爸的劝慰下才慢慢止住。我趁着他劝说的时候，拉着阿月来我家睡。我俩在床上躺着，我轻声安慰她，告诉她我的支持和鼓励。我们从眼前的不愉快聊到未来，阿月说自己以后一定会开很多花店，眼睛里的期待闪亮着直直照进我的心里，我知道终有一天，阿月一定会成功的。

　　大学四年一晃而过。我们因为不在一座城市，除了一年没有几次的见面，最多的就是电话联系了。在这四年里，阿月不仅将原有的学分修满更自修了盆景、插花艺术等课程。她努力在大学里汲取更多的东西，甚至为此牺牲了大部分的业余时间。

　　我们终于到了实习的时间，阿月先是找到一家花店准备学习，而我也找到一家杂志社实习，我们慢慢朝着我们的梦想踏出第一步。那段时间我们联系得最为频繁,我实习时遇到了什么打击,首先想到的就是阿月,她遇到了什么样的困扰也会和我打电话,我们互诉辛苦,迷茫,不安。那个时候我们为了目标都在竭尽全力,都在忍耐,都在拼命成长。

慢慢地我的工作安定下来,我适应了环境,适应了同事,开始慢慢融入他们,一步步走得很顺利。而阿月在花店学习半年后选择了离开,又辗转到花卉市场学习,重新开始适应新的环境,新的同事,新的节奏。花卉市场和花店不一样,每天天不亮就要起床,准备各项事宜;花卉采买,分类,栽植,习性都要一一掌握,不能出现一点点差错。慢慢地我们两个互诉衷肠,变为她的倾诉我的倾听。我不知道能为她做什么,只能静静地倾听,细声鼓励,然后各自加油。

知道阿月终于要开花店是在毕业之后的第二年,阿月家里并不是很富裕,供她上完大学已经没有多余的钱给她开店。阿月凭着自己的一腔热情和拼劲在毕业后的两年里一边实践一边打工存钱。我听到消息过去看她,才发现她比以前更瘦弱了,本就纤瘦的身子似乎一阵风便能吹跑,只是那双明亮的眼告诉我,她有多么兴奋,她终于等到这一刻了。我们见面,吃饭,和那年的晚上一样,睡在一起,不停地说着话,讲述这些年我们为了梦想而不停止地努力前行……

之后阿月开始找店铺,装修。因为手上资金量不多,阿月最初选择了小门店,谈好价格交了租金开始动工装修。条件有限,除开大的工程之外,一些小的装饰大部分都是阿月自己动手,一方面节约成本,一方面她也想要自己的风格。在一日日的劳动中,阿月的花店初见雏形,因为面积小,阿月利用了玻璃的反射和灯光的色彩,不仅视觉上扩充了面积,更能让人感觉到花团锦簇的美好。店面落成后,阿月根据自己对市场的了解和对花卉的喜爱购买了许多鲜花,亲自摆放在店面中。看着一切尘埃落定,阿月打电话和我诉说自己的开心,我听着她一点一滴地描述自己的辛苦劳作,为之高兴。我们都以为,自此以后会一帆风顺,至少开业大吉,可是后来,一切出乎意料。

花店开张三个月连续生意异常惨淡。阿月终于在电话的那一头崩溃,失声痛哭。这么多年的坚持和努力,眼看着距离成功只有一步之遥,而这一步,似乎让天堂遥不可及。我请假再次奔赴阿月的城市,那些天阿月是迷茫无助的。从装修开始阿月就顶着巨大的压力,她不让自己有丝毫的放松,就是为了能实现多年的愿望。而现在所有努力付诸东流,阿月终是抵不过打击一蹶不振。

看着无法振作的阿月,我只能打电话寻求阿月爸爸的帮助,叔叔第二天坐车赶来,看着颓废的阿月,重重叹口气,只说了一句:"阿月,到现在你已经成功走出九十九步,最后一步也是最关键一步,就是坚持不懈。如果现在放弃,之前所有努力都是白费的。"

后来的后来,许是叔叔的劝解起了作用,许是阿月不甘心如此失败,她开始从自身找问题,重新考察市场,重新制订销售策略……

现在阿月已经开了好几家分店了,生意红火,插花手艺炉火纯青,很多人都是因为喜欢阿月的插花技术和店面风格成为老客户的。我每年的生日都会收到阿月的鲜花,她用自己的行动证明,只有坚持不懈才能得到最后的成功。

有时候,你一步一步地走着,总会在某个地方遇到你以为不可抵御的挫折,其实只要你再努力一下,所有问题都会迎刃而解。而你回过头来看,原来那些开始你以为的不可逾越不过是一步的距离。

路再长,也长不过你的脚步

韩宗文

世界上总有那么一条路需要我们一腔孤勇地走完,一边走,一边逝去。我们无法挽回过去,但可以珍惜现在,把握未来。相信自己,路再长,都长不过我们的脚步。

前天,一位很久没有联系的高中同学突然跟我吐槽说:"你知道吗? 高中三年,我的目标只有一个,那就是超过你。扪心自问,我做的并不比你少,可是从来都超不过你。我成绩最好的一次是差你三分,我记得那次你懊恼地说不该错的错了很多,那时候我心里是沾沾自喜的,因为我也有不该错的,我不该错的那道题整整五分,所以我已经超过你了。可是后来的成绩还是狠狠地嘲笑了我,到现在我都不能明白,明明我已经很努力了,甚至比你还努力,可是结果出来的时候,却是那么苍白无力。"

QQ 上莫名其妙地出现了那么长的一段话,我当时都不知道该怎么回他,换成以前的我,可能会啼笑皆非,也可能会很正经地告诉他我们的差距在哪里,甚至帮他指出他的不足。但是,现在的我们都已经步入了大学,再回首这些事情,我觉得有些事可以省略掉了。说实话，整整三年，我一直不知道背后还有这么一个一直把我当作目标的人。这种感觉，就像是给枪手做了三年靶子，后来他成了神枪手，我却"光荣退休"。我不知道是该高兴，还是该苦笑。

逃避或许是一个办法，但总不是最佳办法。问题悬在那儿不去解决，永远不会有人替你去解决。思来想去，我最后套用尚龙老师的一句话回复了他："你只是看起来很努力。"后来就退出了QQ。我不知道手机那头的他看到我的回复后会是什么样的表情，又会是什么样的心情。就算知道了，我也不会去解释什么，因为我给他的答复是我在权衡后给出的最佳答案，他玻璃心也好，不在乎也罢，千里之外的我都没办法去顾及。还有一个原因，那就是在我眼里，他一直都是看起来很努力，而且也只是看起来很努力。

或许在别人的眼里，他真的很努力，每天早上当我闭着眼睛梦游到教室的时候，他已经来了半个钟头；每天晚上我已经熄灯睡觉了，他还在熬夜苦战；每个周末我窝在家里通宵达旦看小说，废寝忘食地玩游戏的时候，他还在自习室里和那些艰涩难懂的公式词汇打交道。我想，高三倒计时一百天的时候，我的状态也不过如此吧。

他这么费尽心机地去做一件事了，可是还是以失败告终，听起来真的很叫人遗憾。

可是我很多次发现，每次自习课上，只要班里一有什么消息，他肯定会马上做出回应，接着有一茬没一茬地往下聊，即使另一头是班里的另外一个对角线位置。我有一个习惯，就是每天下午吃饭时间去阅览室看书，他也会去，我一般会看看最新的《意林》《哲思》，而他看的是《紫色》《微魔幻》。甚至因为考试我跟他一起自习的时候，他总会凑过头跟我说某个人最近发生了什么八卦，某个娱乐明星被抓拍到出轨了，谁谁谁离婚了等。有次我无意间翻开他的学习资料，密密麻麻得可怕，但是和标准答案一模一样，不多不少，既无赘余，也无缺陷。

我忍不住去想，如果只要长时间地泡在图书馆，把一天的时间都耗在那张固定的位子上，佯装着自己很努力很拼命的样子，就能让书本中的知识存储在自己的大脑之中，那我也很乐意去做，我会比他坐的时间更长。

今年暑假在秦皇岛实习完后，因为实习队友的一句话——"其实很多时候我们都是在自欺欺人"，我突然感到了一种前所未有的畏惧。大一整整一年的碌碌为无和虚度光阴，让火车上的我坐立不安，一度感到恐慌。我一直都觉得在大学里应该是要做些什么事的，可是现在已经糊里糊涂地混过了一年，除了玩和享受生活之外，根本就没学到什么。大一上学期学到的计算机基础在那个寒假就忘光了吧，高数中的罗尔定理，泰勒公式，除了名字耳熟以外，真的再想不起什么了。事关未来饭碗的专业课，也在期末考完后的那周被我抛到了寒武纪。回想起这一切，我沮丧，我惴惴不安。

隐隐约约好像记得辅导员吴老师在放假前的年级大会上布置过一门作业——写下你大学中最想做的十件事。于是在回家的火车上，我开给自己列清单，足有上百条，向暗恋了很久的女生表白，去贫困山区支教……大大小小，零零碎碎，密密麻麻，整整三张 A4 纸。坐在火车上的我望着窗外一闪而过的风景想着，如果在接下来的三年里，我能够把这些事情做完做好，也不枉费了这美好的四年时光。

到家后，我立马切身实地地去实行，先是卸载了 QQ、微信、微博，然后去书店买了一大堆书，限定了自己每天要写多少字，努力地找时间去和高中同学联系，开始从网上看实用的演讲，自学如何将 PPT 和简历做得高大上，通过网易公开课自学专业知识和珠宝鉴定与设计，给自己买了一大堆各类与专业有关的、无关的考证资料，甚至写好策划书跟同学合伙开淘宝店去做生意……

我看会儿书，写会儿东西，去网上听一会儿公开课，然后再看一下考证资料，再做一下英语试卷、背背单词……即使上厕所都在忙，一天下来，躺在床上的我已经精疲力竭，我问自己，还空虚吗？不空虚了。做了什么？我也不知道。

一切看起来是那么的如火如荼，热血沸腾的我抱着大杀四方的决心认真地去实现每个我强加给自己的目标。我想，如果我这都算不上努力的话, 真的全世界的大学生就没几个是努力的了,累了、乏了,我躺在床上做着白日梦:如果我一直这么努力下去,"感动中国十大青年学霸"应该非我莫属了吧,日后老师们说起我来,一定会非常自豪地说:"你们要向 XXX 一样,为祖国的繁荣富强奋斗终生。"白日梦做得很好,做着做着就真的做梦了。

大概是三天后吧,三天没刷空间、微博、朋友圈的我感觉好像被世界遗弃了,我不知道我的女神在做什么,我的室友又有什么新鲜事,那种感觉,就像穿越到了古代一样,躁动不安。

再也抑制不住内心对社交软件的渴望,先是只下载 QQ,后来想想,只要自己自控力够,下多少都无所谓。事实很残酷,自控力太低,低到不可思议。从下载了 QQ 开始,我就慢慢地安慰自己,暑假也是假期,大家都在玩,消遣一下是很有必要的,不然学校就不会给放假了。

我渐渐地把所有的书都抛在了脑后,那些书到现在还扔在某个角落里落满灰尘,而我可能永远都不会去翻看了;本来制订好的写作计划因为一件小事的打乱也无疾而终;那些放假前联系好的老朋友在后面的日子里渐渐淡漠、逐渐疏远了;那些励志的、实用的演讲看完几集就再也没看过了;网易公开课上讲的东西因为实验样品拍摄不清楚也慢慢搁置了;直到开学,专业知识还是中等水平,不上不下,英语也是勉勉强强说出来不算羞报,但也不是引以为傲的谈资;那些所谓的证书除了几个专业必备或者毕业必备的以外,其他的就再也没拿下了;轰轰烈烈开启的淘宝店因为无人上门也再也没人理过⋯⋯

造成这样结果的原因,是我不努力、不实干、只会空谈么,不是。我一直都很努力地在做,我在这上面倾注了很多时间和心血。但是最终基本上所有的计划都被搁浅了。正如那位老同学所说的,在后面的时候看起来,自己都能被自己感动得热泪盈眶。

事实上,真正的努力并不是毫无目的、好大喜功的,它必须是有一个主要的目标,在主要目标之下才有其他附属的次要目标。所有努力的着力点都必须是在那个主要目标之上。如果那时候的我专注于看书写字,或许到现在为止已经至少手握上百万字,看完了上百本书,也有可能早就出版了自己的第一本书甚至第二本、第三本了。如果那时候专注于考证,虽然不一定能拿下 CPA(注册会计师),但是至少也能考个会计从业资格证了。如果那时候把全部心血放在网店上,就不会因无盈利而沦于失败了⋯⋯

而且在那段时间里,虽然看起来忙碌不堪,但是往往到晚上躺在床上的时候,我都不知道自己一天到底都忙了些什么,到底于自己何益。我甚至越忙越觉得心里发虚,越觉得坚持的这一切好像偏离了自己原本美好的想象中的方向。可是第二天起床的时候,又重复着前一天的事情。我觉得,只要自己在忙碌着,就意味着自己是在为了未来而努力着。

我所有的作为都是为了安慰自己,告诉自己,我一直在为梦想努力着，然后用来减少自己的愧疚感和负罪感，用努力弥补自己因为虚度了一年光阴而产生的莫名的失落感，为了给将来的那个自己看，自己其实一直都挺上进的，并没有因为年少轻狂而浪费了大好青春。

往往我们在潜意识里给了自己一个很努力的假象，告诉自己，其实我这么努力了，即使将来失败，也怨不得自己，只怪天意如此、造化弄人。可是自己真如自己想象中的那么努力么，还是为了给自己、给外界的眼光找一个安慰的台阶而刻意地去营造一个忙碌的假象？

直到经历了许多次挫败，经历了许多次挫折，才后知后觉：真正的努力，是一步一步的，是脚踏实地的，一个目标一个目标去慢慢实现和不完成这个目标绝不妥协并持之以恒的坚持和笃定。它可能不一定很忙碌，但是绝对要安稳踏实，绝对要坚持不懈，不轻浮，也绝不浮夸。

加油吧，少年，路再长也长不过你的脚步。

终是有人,活成了自己想要的样子

沐小朵

你要知道,这世上总有人过着你所向往的生活。与其羡慕别人的人生,不如把握好自己的节奏,带着一腔热血和激情上路,变成自己当初最想要的模样。

木子是我认识的人里边最能折腾的,有时候我觉得他就是个神一般的存在。

我和木子相识于一场全国性的文学比赛,那时的我们才大二,正是年少轻狂可以肆意说梦想的年纪。几千个人,一万多篇稿件,我俩带着初生牛犊不怕虎的激情,一路突出重围,成了六十名能够进入复赛的佼佼者中的幸运儿。

在西湖第一次见到木子,是腊月零下几度的天气。两个人都裹着厚厚的棉衣,里三层外三层捂得严严实实。然而笨重的大衣丝毫掩盖不住木子的清瘦,相比之下,站在他旁边有些圆滚滚的我,越发显得像一个搞笑的棕熊。

我和木子以前只是在 QQ 上交流过写作,连视频都没发过。看到木子的第一眼,我心里竟然产生了一种奇怪的感觉,就好像贾宝玉在大观园里第一次见到林黛玉,差一点就脱口而出:"这个哥哥我曾见过的。"

两个磁场相近的北方人,自然有着比别人更多的话题,彼此之间也更加亲近些,相处起来就好像认识多年的老友那般自然。说得文艺一点儿,就好比"与君初相识,犹如故人归"。

绕着杭州富有江南特色的小巷子走了许久,我们好不容易在遍地都是的浙菜餐馆中,觅到了一家北方拉面馆。在这片氤氲着热气腾腾的面香的狭小空间里,木子向我讲述了他的一些经历。

木子跟我一样,对文学只是爱好,却没有想过拿它来谋生。对一件事情热爱到了极致,是不会把它作为谋生的手段的。因为一旦跟金钱挂上钩,就亵渎了它的神圣。真正的热爱,从来都是无关功利,只为真心。

我们都是非科班出身。我大学专业是经管,跟文学沾不上边儿;木子的跨度更大,他是正儿八经的理工男。就是这样一个整天跟计算机程序打交道的人,竟然在两年时间里写了近十部网络小说。而彼时的我,作为一名小透明,对木子的敬仰如同滔滔江水连绵不绝,就差跪下来当场拜师了。

木子从来不参与网络游戏,一般男孩子喜欢的活动他向来不感兴趣。舍友用来打游戏的时间,他都用来学习填词、书法和手绘了。

他自编自导了多部微电影,都有着不错的口碑,有几部还在大学生微电影节上获了奖。

他谈过一段无疾而终的恋爱，女朋友以他木讷不解风情为由跟他分手，算起来这段感情不过三个月。

所有人都觉得木子是个奇葩。在大家都沉浸在这城市的灯红酒绿中无法自拔的时候，大概也只有木子过得如此清新脱俗了。

对于这样开了挂一般的人生，我惊讶之余，更多的是羡慕。

我问木子："你每天把自己逼得这样紧，不觉得烦躁吗？"

"这样的生活使我感到安全。每天排得满满当当，连睡觉都成为奢侈，让我顾不得胡思乱想。你觉得我还有闲心烦躁吗？"木子一本正经地反问道。

我被戳中了软肋，尴尬地低下头，吸溜了几口面汤。

那段时间我对什么事都提不起兴趣，除了靠每天刷刷微博看看剧来打发这漫长的无聊时光外，似乎什么都没有做。

那样的日子让我感到彷徨和不安，我试图摆脱这种状态。然而行动永远跟不上思维，好多宏伟蓝图都只停留在萌芽阶段。

我想，如果我有木子千分之一的行动力，把想做的事情一桩桩解决，就像穿衣吃饭这般有条不紊，我的生活，也会变得明朗起来了吧。

木子顿了顿，继续说："说实话，我觉得我的文笔不如你们，对于这次比赛我没什么底气。但我却可以毫不脸红地说，我绝对是咱们当中最高产的那个。"

"你这个大神，可真是当之无愧啊。"我打心眼儿里佩服木子，并没有调侃他的意思。

木子不好意思地笑了笑，继而一本正经地说："哪有什么大神，你要知道，高产不过是被自己逼出来的。"

木子的意思简单明了。这世上哪有什么天赋异禀，你拥有什么样的生活，取决于你选择了怎样的一种人生，并为此付出努力的程度。

当我们不知所措如迷途般的羔羊跌跌撞撞的时候，木子早已规划好了自己的生活节奏，并且按照这个节奏开始了他不一般的生活。

他选择了这样的节奏，忙碌而充实。

他在市网络电视台找了一份实习编导的工作，每天赶最早的公交去公司，早餐全部在路上解决。

他经常熬夜改稿子，有时候室友半夜醒来，还能看到他电脑上泛着幽暗的光。

他绝对是那种能把一分钟掰成两分钟来用的人，忙起来的时候总是忘记时间。

他有时也会感到力不从心，但只要回头看看自己走过的路，想想自己取得的成绩，他就会觉得所有付出都是值得的。

那次比赛，木子的成绩不是特别好，勉强进入全国三十强。

木子自己说，那还是因为主办方的评委看过他的百科觉得他可能只是一时发挥失常，不然他很可能连进入决赛的机会都没有。而一直不怎么被看好的我，却意外地冲进了全国十强。

从杭州回来后我变得有些浮躁，更加不知所从。我开始忙于各种社团活动，忙着考各种职业证书，再也无暇去看自己喜欢的经典名著，甚至好长时间没再动笔写过东西。

木子倒是不时地发给我一些他准备投稿的文章，让我帮忙提些建议，并且跟我分享他生活中的趣事。

回忆变得无处可逃。我时常望着电脑出神，开始发疯似的想念与木子一起写文的日子。想起在杭州比赛的那几天，颁奖典礼上我跟木子排练的合唱节目，眼眶开始发烫起来。

我在微博里写道："这样的状态，真的是我想要的吗？"

木子跟我留言说："小朵，考研吧。我们一起考当代文学，弥补我们失去的那些本该属于诗和远方的时光。"

一句话如醍醐灌顶，激起了我体内压抑许久的洪荒之力。我就像是一个初出江湖被高手打通了任督二脉的毛头小子，全身的热血都沸腾了。我忘了自己是怎么回复的木子了，不过肯定特虔诚。

人一旦认真起来，潜力就无处可藏，连自己都觉得不可思议。

于是坚持每天三点一线，早上天不亮就起床，晚上踏着闭馆的铃声回到宿舍，洗漱后躺倒在床上立马就能睡着。日子看似平淡得泛不起一丝波澜，心中却觉得异常踏实。我终于体会到了木子说的那种境界了,当你每天都被安排得满满当当,根本没有心思再伤春悲秋了。

好不容易熬过了十二月,考完后我整个人就跟丢了半条命似的。我发短信给木子:"姐姐终于解脱了。这段时间不要发文章给我看了,姐要闭关,睡一个月的懒觉,把没看的综艺全都补回来,没工夫搭理你。"

在我过得最懒散的这一个月,木子依旧每天坚持看书写字,好像有着永远用不完的精力。他写了一部网络大电影,被好几家传媒公司抢着签约。

现在他可以毫无顾忌地发着朋友圈晒自己的小成就,他也有这个资本;而我,只能继续眼巴巴地看着他的动态然后默默点个赞。

再一次见到木子,是在他正准备去成都签约的时候,中途路过济南,他想修整几天,顺便见见我这个老朋友。

木子整个人都好像变了一番模样。以前的他有些腼腆羞涩,在陌生人面前眼神总是躲躲闪闪,当然对于我例外。现在的他,好像带着光环一般,整个人浑身上下都散发着一种独特的气质。言情小说里描写的温润如玉的谦谦公子,大抵就是说的木子现在的样子。

"你帅多了啊,木子,我都快被你迷得神魂颠倒了。"我拍了一下木子的后背,调侃道。

木子噗的一下笑出声:"你这丫头就别贫了。我还是原来那副样貌，唯一不同的，可能是我比以前自信了吧。如今我终于变成了自己想要的样子，才有了底气。"

那天下午，我和木子沿着大明湖走了一圈又一圈，我们谈了许多过去的事情，关于那次未完成的旅行，关于那部策划了好久的微电影，关于一直刻在心底的我们最初的信仰。

很多时候，我们总是把生活的不尽如人意归咎于命运的安排，想当然的以为我们无法选择出身，无法选择样貌，所以我们在任何事面前都无能为力。只是我们却忘了那句老话，"尽人事，听天命"，你自己都放弃了自己，还奢望老天能帮你一把？正如我跟木子，我们在同一个起点上，最后却拥有了截然不同的人生轨迹。

这些年来，我觉得木子就像周杰伦歌里唱得那只蜗牛：

我要一步一步往上爬

等待阳光静静看着它的脸

小小的天有大大的梦想

重重的壳裹着轻轻地仰望

木子选择了做自己人生的主宰，做一个永远行走在路上的追梦人，从而变成了自己想要的样子。

其实那个梦想，我也一直不曾放下，它一直在心底的某个地方，指引我往前走。我想，我该打开心底的封印，将它放出来了。

愿每一个不甘平凡的人，都能成为自己想要的样子。

时光照顾不来所有人

沐言欢

时间对每个人都是公平的,它不会肆意在你身上做加减法。时光总是按照它的轨迹一点点流逝,而我们能做的,便是把握好当下,走好脚下的路。

2015 年的圣诞节,没有下雪,天气也是出奇暖和,室内温度竟然达到零上十几度。此时的我,正窝在寝室玩电脑,嘴里也没闲着,没多会儿就弄得全寝都弥漫着一股奶油瓜子的香味儿。

斗地主兴致正高,手机却不合时宜地响了起来。极不情愿地退了游戏,匆忙跑到走廊阳台上接通电话。

从新加坡打来的,会是谁呢?

"喂,是言欢吗?"电话那头传来细细的女声。

"嗯,你哪位?"我满心疑惑地问道。

"我是安琪,你不记得了吗?"

安琪,这似乎是个很久远的名字了,却又是那么熟悉,熟悉到我知道她屁股上有几颗痣。我和安琪,从小在一个大院儿,一起生活了十几年,直至她家举家搬到北京。

迎面而来的凉风将我拉回现实,安琪,这个陪伴了我整个童年和少年时代的伙伴,我怎么会不记得她的声音呢? 只是在我心里,不想承认罢了。不想承认自己一直羡慕她的优秀,不想承认她的一切光环与荣耀都是她应得的。

"言欢,你还在吗? "安琪试探性地问道。

"呃……"我努力压制着自己话语中的慌张,"安琪,好久不见! 你怎么到了新加坡了? "

"我被西安交大选派到新加坡作为交换生。你呢,现在在哪儿读书呢? "

留学,新加坡,交换生。这也是我年少时一直挂在嘴边的梦,为什么她安琪就能那么幸运。而我,却依然在这个名不见真传的二流学校过着暗无天日的日子。是的,直到现在,我心中的嫉妒之火还是那么容易战胜我的理智,以至于我至今还认为安琪的所有荣誉都在于她的运气,而不是她的努力。

但很快我就熄灭了心中那团嫉妒之火,努力让自己平静下来:"安琪,祝贺你啊。我现在在湖南一所二本工科学校,还是老样子。"

寒暄了几句后,我慌忙挂掉电话,逃也似的回到寝室。重新坐到电脑旁的我,对游戏、聊天再也没了兴致。顾不上回答室友的询问,顾不上放下一直攥在手里的手机,只是像丢了魂一般,一言不发地呆坐着。那一通电话,只有十来分钟,之于我,却仿佛有一个世纪那么长。

安琪是我的邻居、发小，后来又成了对手、假想敌。我属于那种做什么事都不紧不慢的性子，而安琪却恰恰相反，她做什么都分秒必争，完不成任务可以一直不吃饭不睡觉。我们俩的距离，在小时候并不明显，我仗着脑袋瓜比她聪明，也可以拿到和她一样的分数。但随着年龄的增长，我才渐渐意识到，我与她的差距，不单单是教室座位第一排和第三排的距离。还有，我永远达不到的，她的高度。也许就是从那时起，我才开始"讨厌"她的吧。

从还在读小学的时候开始，安琪每天早上六点都会准时敲响我家的门，拉起还赖在被窝里的我。等我洗漱完，她就猴急猴急地拉着我到校门口吃一碗胖婶的馄饨，然后去教室看书。那时候我们俩总是第一个到教室的，为此我们经常得到老师奖励的小红花。安琪最喜欢的是语文，她每天都捧着语文书呜呜噜噜地读着，表情还特有意思。我最喜欢数学，而数学恰恰又是课堂上随便听听就能懂的。她读书的时候，我就在旁边捣乱，一会拾掇拾掇桌子，一会拿狗尾巴草去挠她的脸。而她总是嗔怪地打我几下，然后继续看自己的书。沉浸在语文世界里的她，脸上仿佛泛着金灿灿的光，在初阳的映射下，其实挺可爱的。

那段时间大概是我俩这一辈子最难忘的时光了，没有争执，没有吵闹，内心波澜不惊，纯净得如一张白纸。从什么时候开始我才发现自己越来越追赶不上她的步伐，离她的世界越来越远了呢？我想不起来，也无力去想。

就连初中的时候,我们两还是一如既往地形影不离。她依然每天早上六点拉起我,无视我的百般不情愿,然后带我去校门口买上一个煎饼果子,在教室里边看书边吃。她是语文课代表,我是数学课代表;她依然喜欢语文,我依然喜欢数学。但这些,绝不是我和她渐行渐远的根源。只记得,那段时间她特别刻苦,放学后也要待在教室里面看书整理笔记,而我,一开始还觉得蛮新鲜,陪着她一同看书,给她讲解几道数学题。后来,便觉索然无味,索性一下课便逃到附近的网吧里。

有一天安琪从网吧里拉我出来,郑重其事地对我说:"言欢,你现在不是小孩子了,你该想想未来了。再这么不紧不慢地混日子,恐怕时间都救不了你了。"我仍然是一副无所谓的样子:"反正时间还早,考大学还早,学习不急在这一时嘛。"

"你再这么不听话,我就要告诉你妈妈!"这家伙,竟然拿我妈妈当撒手锏,她知道我在家最怕的就是我妈。尽管这样,我当初却不知道哪来的勇气,竟然说出了这样的话:"你就去告状吧,大嘴巴。"然后,我无视她满脸的无奈与忧伤,钻进了网吧,留下她小小的身体在风中颤抖着。

最后我妈还是知道了这件事,罚我两个周末不准出门。我知道不是安琪告的状,但心中还是有些不爽。从那时起每次看到安琪,我都是带着一种仇视的目光,她也只是无奈地叹口气,然后继续翻开书本做题。

就这样到了高中，我和安琪一同考上了市里的重点高中。只不过她年级前六十，我年级一百多名。那时候少女的心里已经有嫉妒的恶魔在滋生了，这使我更加厌恶安琪。她始终是什么都赶在最前面，我始终比她慢半拍。在别人的眼里她是完美的公主，成绩全班第一，还利用课余时间学了书法、跆拳道、拉丁舞。而我，那段日子，除了每天写点小说之外，似乎一事无成。

安琪照旧每天六点进教室，只是不会再拉上我。不是她不想，而是我不让。我每天早上都会顶着鸡窝一样的头发踏着铃声溜进教室，坐下后边听课边吧唧着嘴吃早餐，老师看着我也只能干瞪眼。有时候我索性睡过第一节课再去学校，那时候学校大门已经关上了。我在门卫那里若无其事地打电话给班主任："喂，老黄，快来校门口接我，我被门卫困住了。"门卫瞪着铜铃般的两只大眼睛悻悻地盯着我一顿数落："一个姑娘家，整天迟到，真没出息。你这样的丫头我见多了，没一个考上大学的。"班主任也总拿我没办法，因为我成绩不错，又没有滋生过事端。他只能恨铁不成钢地拍一下我的头，把我领回教室。

其实安琪找过我几次，也曾苦口婆心地劝过我："言欢，两年多不长了，你如果再这么吊儿郎当，没有危机感，会被别人甩下很多的。我没日没夜地看书，仍然会担心功课会落下，你这样整日游戏，我真的很担心……"听了她的话我当时心中是有一丝动摇的，也想回到正轨，加快步伐去追赶她的背影。但我是驴一样的犟脾气，别人说往东我偏要往西。也正是这种性格缺陷，让我与安琪由儿时的无话不谈变成了后来的相对无言吧。

高二分文理科的时候，我自然想都没想就选了理科，因为文科实在太烂。安琪倒是纠结了很久，最终还是追随初心读了文科。我想我与安琪的人生，应该再也不会有交集了，为此我失落了好久好久。毕竟从始至终，安琪都是我心里认定的好朋友。尽管，我不肯承认。

安琪在文科实验班，比以前还要刻苦，可能是由于文科需要记忆的东西比较多。听妈妈说她总是每天天不亮就去了学校，我回来吃过夜宵准备洗漱了她才回家。有一次课间和别人打闹经过文科班，我不经意地往里面瞄了几眼，看到她在里面认真地做着英语题。我心中有些羞愧，但那种羞愧也只是暂时的。她抬起头活动颈部，我慌忙避开她的视线，生怕她看到我眼睛里的狼狈不堪。

那时的我已经收敛了不少，毕竟离高考只有一年，我知道我输不起，当然纵使重新拾起课本也于事无补，原来听一听就会的题目，由于长时间没有听课，需要从头开始预习。我开始感觉到了危机感，开始为了各种考试而发愁。由于以前总是慢半拍，现在拿多一倍的时间去看书，也达不到别人一半的效果，我开始为我的未来担心了。

安琪却在每天的学习里游刃有余，高二一结束她就参加了高考，考上了西安交大，她父母也由于工作调动，举家搬去北京。

而我,却在沉闷的教室里,继续受着煎熬。

安琪走了之后,我与她渐渐失去了联系。再加上理科的学习任务越来越重,我也没有余力去打听她新的联系方式。直到三年后接到她的这通电话,我才想起了那些陈年旧事。

高考过后,我的成绩与预料中的一样,不甚理想。爸妈找了很多关系,一夜间生出了好多白头发,还是不能把我送进省内好一点的学校。无奈之下,我偷偷填报了远离家乡千里之外湖南的一所学校。从此故乡再无春秋,只有冬夏。这一切,究其原因,都是因为我的散漫与懒惰,不肯努力,不肯屈服。

年少时我们总是觉得一切尚早,我们一边享受青春一边挥霍着大把的时间。只是时光却始终按着它的轨迹渐渐流逝,它不会因为你是谁就驻足停留,也不会对你特殊照顾。我们总是自欺欺人地安慰自己,一切都还来得及。而当那一刻真的到来时,我们却发现自己是那么无力。

转身一晃,便已过去好多年。

现在想起来,我仍然会对自己当初的年少无知感到后悔。我经常会想,假如时光倒流,我会不会如安琪那般努力上进,而不是处处比她慢半拍? 但是一切都没有假如,人生不是彩排,每一刻都是现场直播。与其活在悔不当初的痛苦中, 不如整理好心情,加快步伐去走好以后的路。

沐言欢,再慢半拍,时光也救不了你了。

起风了,也要努力生存

寒 香

女人的一切都不是别人给的,必须要自己努力去争取。如果别人给了你幸福,那么他也可以轻易夺走;如果是你自己拼来的,哪怕有一天失去了,你也照样能再拼一次,把它们赢回来。

沙发床外,灯火通明。华灯初上的夜色格外明朗,一切阴霾都躲到远方的浓雾之外,似乎这里的景色就像有了天然护罩,一尘未染。

在暖黄色的灯光下,母亲的脸像十七八的少女一样光彩动人,朦胧的肤色若隐若现,黑发云鬓,还未生一根白丝。就连坐在沙发旁看书的我,也不禁惊得一愣一愣的。

拿去夜色和朦胧的魔力,就算放在平日里,我和母亲一同上街,被人说"这姐妹俩长得可真像"也不在少数。岁月在这个女人身上,似乎失去了效力,反而只会像琢石磨玉一样,愈增其彩,更显玲珑。

我望着母亲的姣好面容,不禁陷入沉思。现在看见她坚强、美丽、大方、华贵模样的外人,只知一味地艳羡、祝福,却很难想象这具娇小的身躯,曾克服过多大的艰难险阻。

母亲从小出生在一个并不富裕，却管教极严的农村家庭。她小学五年级休学，回家帮着种田务农，带着小她三岁的弟弟，每天做各种各样的活计。当时老家那边制刷业很兴盛，母亲就跟着外婆制作毛刷。农忙的时候帮忙，农闲的时候做毛刷，无论寒冬腊月，一双手浸泡在冷水里，被猪鬃毛刺得脓包破裂，鲜血直流，尽管疼，她还是忍着去做。到了饭桌上，她却从不动好吃的那一份。从小就很懂事的她，作为一个姐姐，将上学的机会让给了弟弟；作为一个女孩，将可口的饭菜留给了家里的男性；后来家里开始盖房子了，她又作为一家长女，将房屋的瓦片亲手为家人盖上。

母亲抬起她那双比脸苍老得太多的手，放在我的手上，我能清楚地感受到那些老茧和掌纹，摩擦过去，竟会发出轻微的响声，如泣如诉，好像在和我说那些陈年旧事……

母亲的青春大多是在那座老屋子里度过的。那时一年三百六十五天，只有固定的三天她才会出一趟远门：春节、端午和中秋。这样的节日，对于当年的母亲来说，就是短暂的休息和放松了。

年方二十，母亲便嫁到了夫家，离开了老家的她，在父亲这边经营一处小店。当时的境况都不怎么如意，但离开乡村来到城镇，已经是一个不小的进步。母亲和我说，虽然她一直待在农村里，但她相信迟早有一天，她会漂漂亮亮地来到城里，不会输给任何人。

我自然是很相信的。因为每次和母亲回外婆家的时候，总会有人提起当年的往事，原来母亲是乡镇里数一数二的大美人，虽然足不出户,又管教极严,但是母亲的芳容,已名传百里。在那固定的节日出门时,竟有人偷偷拍下她的照片,随后又偷偷地寻着地址寄过来,留给母亲一份青春的纪念。

后来母亲果真来到城里,四周的人见到她的模样,议论纷纷,以至于有人不辞辛苦地跑来,专门来瞧瞧母亲到底长得什么样。每每说到这样的往事,母亲总是忍俊不禁,她说:"听到有人专为见我而来,心里觉得很紧张,因为觉得自己很普通,生怕辜负了别人的期望。"

在我看来,长得再美的人也不过是一副皮囊。但是年过四十的人仍然可以落落大方,一副清纯简单模样,说到底还是她的经历以及为人处世的原则,磨砺出不一样的气质,正是这样非凡的气质和风格,吸引了更多慕名而来的拜访者。

母亲的头上有一块伤疤,在后脑勺的位置。她和我提起这个疤痕的来历,我听了都不禁心下一悚。

那时家里的店面很小,收入也微薄,但是还算相对平稳。忽然有一天,一帮小混混来店里买东西,拿了很多东西却并没有给钱的意思,说是收保护费。父亲和他们理论,却惹得那帮人大发脾气,又抢又砸,店里被搅得一团糟,后来甚至厮打起来。有个年轻的混混顺手抄起一瓶啤酒,向父亲背后砸了过去,母亲见状连忙将父亲扑倒,自己垫了上去,那瓶啤酒就这样砸在了母亲头上,母亲当场就昏了过去。

看见如此场面，众人也都冷静下来，混混们赶紧逃之夭夭，剩下父亲背起受伤的母亲，送到医院包扎。当时看热闹、劝架的人也很多，但是没有一个在这样的关头冲上去救人，恐怕也只有我母亲这样的性格，才会不顾一切地为家人付出吧！这一次，作为一个妻子，她将生命的权利让给了丈夫。

后来家里接手了爷爷奶奶的厂子，经营的账务变得繁杂起来。只有小学五年级学历的母亲，要处理这堆繁杂的账目。她说她第一次接到那些账本的时候，连上面的内容都看不懂。后来她有样学样，照着葫芦画瓢，也犯了一些错误，最后才摸得透彻。从小学五年级毕业到那时，她都没碰过书本，也没握过多少笔，却最终成了一名合格的会计，将家业打理得妥妥当当。

我年幼的时候，很少会看见母亲闲下来的样子，对我的关心自然不多。我时常会想，像母亲这种一年忙到头的人，大概只知道追逐事业上的成就，而缺乏情感上的温存体会吧！可转念一想，如果一个人连基本的生存状况都没有保证好，又何谈风花雪月与多愁善感呢？

母亲能坚强地活到现在，而且越活越美，越活越成功，已经让我十分佩服。长大之后的我，对她的了解渐渐变多。我惊讶地发现，岁月的打磨，时光的蹉跎，并没有让这个女人的心灵受到多大的打击和挫折，我眼里的母亲，永远是坚强、乐观和永不言弃的模样。

上帝对于每个人都是公平的，而人生的命运只能掌握在自己手里。有人说:"上天发的牌都差不多,要看你怎么打了。"的确也有些人生来优越,不费吹灰之力就能得到你渴望的一切,但是人生的价值和一个人的魅力,永远都是在面对挫折和困难时大放异彩,而经历过艰难困苦的你,方能活出别样的美丽。

当初在外地做项目的时候,她在外地和家之间来回跑,三四个小时的车程,她一个人开,有时候还开个来回。无论是大型货车,还是小轿车,她都开过,而且车技不赖。从有样学样地管账,做到公司的会计总管,她付出了无数个日日夜夜。她在家乡这边闯出了一片天地,从坐三轮挨家挨户送啤酒开始,到现在人脉广布、世情练达,她付出的每一滴血汗,都是普通人可以做到的。母亲说:"我并没有多大本事,也没有靠着爹妈生存,我拥有的不过是努力,再努力。"

年过四十的母亲,身份和地位已不可同日而语。从我幼年时的穷困到如今的小康,母亲仍然没有像众多家庭主妇一样,待在家里做全职太太。她总是活得那么有追求,有梦想,也有自己独特的想法。

无论穿衣还是打扮,她都不像一位四十岁的妇人。简单的黑长直,未施半点粉黛,永远不和别人穿得差不多的母亲,看起来总是那么鲜艳、明媚。偶尔也有疲倦和劳累的时候,她也不会选择停歇自己的脚步。哪怕头一天她还是一副病快快的样子,第二天清晨她就要起来打理事情,哪怕拖个地也会让她心情变得愉快起来。

"生命在于永不停歇的运动。"这是我母亲用她的行动告诉我的，不是没有意义也不是特意跑到健身房减肥健身的运动，而是最普普通通踏踏实实的劳动。尽管在外她是女强人的形象，但是家里的一切卫生和家务，并没有落下半分。这一次，她作为一个母亲，将所有的热情献给了家庭。

我以为她不懂得情感和温存，其实是我不懂得她表达爱的方式。

"女人的一切都不是别人给的，必须要自己努力去争取。如果别人给了你幸福，那么他也可以轻易夺走；如果是你自己拼来的，哪怕有一天失去了，你也照样能再拼一次，把它们赢回来。"

我躺在床上，静静地听母亲倾诉，如今我和她倒真的像好姐妹一样，彼此交心，彼此宽慰，彼此理解。我也惊讶地发现我和她的想法竟然非常相像。这一次，她作为一个朋友，给予我最棒的鼓励和支持。

这个坚强又温情的女人，在功成名就之后，仍然永不言弃，仍然风韵犹存。在一个下着春雨的清晨，她远在外地，通过微信发了一首散文诗，上面写着，那灵动又生机盎然的春雨。

我静静地看着这些文字，想象着那一头，母亲欣悦的面孔，欢快就不自觉地爬上了心头。人生最美不是在拥有所有之后，而是在当下的努力之中。经历过那么多艰难困苦的你，现在正如一朵重生的雪莲，绽出耀眼夺目之光。

你也许落魄一阵子,但不会落魄一辈子

寒 香

人生就像一场未经排演的戏,跌宕起伏、曲折不断。这场戏最怕一直如意,到最后黯淡收场;这场戏需要勇敢闯荡、用心经营,才能获得观众喝彩。

如果你打开手边的电脑或者手机,输入百度:你最落魄的时候是什么样子? 那你就会得到形形色色的答案——

"2012年,刚毕业,才懂得现实和人心。"

"2015年底,上班五年以来第一次欠账过年……"

"最落魄的时候三百块钱过了一个月,终生难忘。"

"2008年,身上没钱,晚上在山上的亭子里睡,饿了买个馒头喝点凉水。"

"吸烟钱都没了。"

……

一条条看下来,竟然有上百条留言,而每一条留言中,透露的都是无尽的辛酸。然而,在这些留言之中,有一条让我耳目一新,它说:"人生就像一杯茶,不会苦一辈子,但总会苦一阵子。"

无论是什么样的落魄和绝望,都只是你人生的一个阶段,而挺过这样的煎熬，你就能获得新生。

对于十几岁、二十岁出头的我们来说，可能并不能体会到太多生活的压力。但是学业、感情上的压抑和失败，无疑是对我们最大的打击。我记得三年前，有一个女孩曾经在我的留言板上留言，说："煎熬。"那是我们最难挨的一段日子——高考。

我初中成绩一般，高中就落到了全班队伍的后面，常常是拉低平均分的那一伙学生。那时反正也年少轻狂，觉得学习好并不能代表一切，与其把自己压抑得不成人样去看那些教科书、背那些陈年烂谷，不如多玩玩多逛逛，人生须臾，应当及时行乐！当时抱着我这样想法的人并不在少数，我们自以为超脱世俗，其实还是天真幼稚。

学习不好也没什么，将来总是会有路走的。当班主任以考大学的由头来找我们训话时，我们不过觉得他实在多余担心，如今还会有人没有大学上么？

对于这一切的清醒认识，不过归结于一次普通又不平凡的模拟考试。

高二时我们文理分科，我选择了一向比较擅长的文科，每次考试，勉勉强强能排上个三四十名。那时前三名非常稳定，班上等级分明，我们这些属于中下等的，也没有任何拼搏的意思。反正好大学是那些好学生的，我们不过上次一点的罢了。如果人家看见你突然发奋，只会比你更发奋，名次没有改变，倒是学生们自己更辛苦而已。

但是我没有考虑到,全国那么多的城市,不只是我们这个县城的孩子会参加高考。

那时全市第一次联考,我们班的第一名在市内也不过排到几百名开外,更别提我们这些中下等学生了。那时我们才第一次感到什么叫作惶恐,是对完完全全不能依靠自己掌握未来的恐惧。人生可以各有不同,但是你比人家差了太多,所在的环境整体都滞后于这个现实的状况,你还拿什么来异想天开?

从那以后,我每天看书上课做笔记,作业从来不敢拖拉,考试也不敢懈怠半分,看着成绩一点点稳步上升,我的心情也渐渐平复了下来。

高三开学,我像往常一样早早来到教室,打开历史书本准备复习。这时,窗口处走来一个人,是我们班的班主任。班主任就立在门口一米处,向我招了招手,示意我和他到办公室去。

我信心十足地走进那道蓝色的铁门,班主任坐到电脑前。

"你看看咱们班上个学期的考试排名。"班主任打开一个电子表格,上面红红绿绿的条纹晃得我一时眼花,但我还是准确地捕捉到了自己,在正数第九格的位置。

欣喜和一股理所应当的回报感充斥心房。

班主任顿了顿,把转椅对着我,开口说道:"你这半年确实进步了不少……"

我看着他，盯着那张旁边的法令纹极深的嘴，衰老的痕迹已经非常明显地展现在这个男人脸上，我想，这应该是他带的最后一届高三了吧。

"我给你算个毛账，你的语数英……文综成绩加起来，再进步一些，最多可以考个好三本了。"班主任说出一连串的话，手指配合地盘算着，表情看起来十分严肃，毋庸置疑。

我带着疑惑的表情看着他，不明所以。

为什么我这么努力却还是只能考个三本？我很想吼出来，但是迫于场合，我没有这么做。我只是愤愤地看了一眼表格上我的名字就离开了，是第九名。

原来第九名和第四十名也没有太多的差别么？我这样努力又到底是为了什么目的呢？我想不通，于是那一年的高考，我果然失利了。正如班主任当年所说，我最多只能考到一个好一点的三本大学。

高考之后，别人都出去通宵玩乐，唱K的、旅游的，不计其数。但是我只是待在家里，静静地看书。

我很落魄，我受到了所有人的白眼和嘲笑，当初看到我拼命的模样，以为我还能上清华北大的亲戚们，都会心地一笑，想想那不过只是个玩笑。因为想要努力学习所以和当初的朋友断了联系，就连一直在玩闹的他们，也觉得我不过是白费力气。

名牌？重点？一本？你做梦吧！

那一年高考分数线下来的时候,我躲在被窝里静静地流泪。我赌气地填了一个远离家乡的沿海城市一所三流大学的旅管专业,父母关心地过来问:"这样的大学真的能上吗?"奶奶摆出坚决反对的态度,爷爷的"望孙成龙"梦想彻底落空。我不知道高考为什么对一个普通家庭影响这么大,但是我确确实实受到了它的伤害。

没有一个朋友过问,没有一份感情慰藉。我拿起录取通知书,狠狠地扔到了垃圾桶里。

我复读了。我明白,不管他人怎么评价,这起码不是我想要的结果。

我很落魄,但我并不认为我就一直该这么落魄下去。

无数个日日夜夜,无数重复的考试、评卷和排名,无数一模一样的面孔和表情。我坐在复读班的大集体里,甚至感觉不到自己的存在。唯一存在的,是我不断上升的总分和名次。

放弃爱好,放弃一切感情,让自己被无穷无尽的学习填满,竟然是一种异样的快感。我想我永远也忘不了,炎炎夏日,没有空调和电风扇的我们,是如何一边淌着汗水,一边奋战的。

那样的自己,无论如何也算不上落魄。

高考就像十月怀胎,经历过漫长的养护和等待,我终于得到了自己想要的结果。家人为我自豪,身边所有人对我刮目相看,他们都不相信,当初排名倒数的我能考上全省最好的大学。

毕业那天,我站在复读班红色的房屋前,想着自己初来时失魂落魄的样子,好像在怀念一幅久远而难以抹去的画面,那样沉重的心情,是我今后所有明媚生活的启示录。

高考过去了,但我似乎又觉得并没有。人生的十八岁成了过去,还会有二十八岁,经历过一次失败和挫折,就不害怕下一次的严厉考验。你也许会落魄一阵子,但不会落魄一辈子。最重要的是,你要抬起头,勇敢地面对这一切!

如今我二十出头,马上面临大学毕业。工作还是考研、要找什么样的工作、考到哪里的院校、感情方面怎么处理……诸如此类的人生抉择,想必每个人都经历过或正在经历。你肯定尝试过站在讲台上一句话也说不出,面对考官两眼发昏两腿发软,看着透着死白的试卷下不了笔,濒临分手的感情无法回心转意……面对这些失望、懊悔、落魄和惨败,你又是如何应对的?

是拒绝,不肯接受这样的自己;还是从容,决心改变,创造更美的明天;抑或你只能自怨自艾,顿觉生无可恋?

你或许不相信有普普通通的人能够逆袭,也不敢想自己会拥有什么样的梦想。但是事实就是如此,决心要成为什么样的人,最终就会成为什么样子。这或许需要运气,或许需要时机,但是最重要的,永远是坚持和努力。

现在回头看当年那些高考落榜的同学,决心复读的都考上了好的学校,持之以恒的都能满载而归。而那些已经在大学和社会上摸爬滚打的朋友们，也早已背负起梦想的行囊，义无反顾地走向远方。

爱摄影的去当了摄影师，开了自己的工作室；会画画的去学习油画，在设计和创意方面深造；执着于读书和写作的，也都从报纸上一篇一篇的豆腐块文章开始，到在全国性的大刊物上露面，再到出版自己的单行本……努力的人那么多，而大家的起点都差不多，你关注那些闪闪发亮从不示弱的名人，还不如瞧瞧身边正在落魄着的孤立无援的普通人。因为从他们身上，你能得到更多的力量，你会明白一个道理：

人生就像一杯茶，不会苦一辈子，但总会苦一阵子。你要做的，不过是细细品味，用心酝酿。等到苦尽甘来的日子，你的颔首微笑，就是对世界最大的鼓励。

所谓的与众不同，就是为了成为更好的人

栗　子

> 人生的每一场相遇，都是缘分，没有对错。人生的每一个清晨，都该努力，不能拖延。

人生的每一场相遇，都是缘分，没有对错。人生的每一个清晨，都该努力，不能拖延。

曾在《未选择的路》中看到这么一段话："黄昏的树林里分出两条路。我选择了其中一条，留下一条改日再走。可是，我知道每一条路都绵延无尽头。一旦选定，就不能返回，从此决定了一生的道路。"我不知道正在看这篇文章的你选择了怎样的一条路，但我知道，无论你的选择是什么，都希望你在这看似漫长实则短暂的一生中成为最好的自己。

"草在结它的种子，风在摇它的叶子，我们坐着，不说话，就十分美好。"这是我的朋友在对我讲起他获得设计大奖时，坐在台下，听到台上的颁奖嘉宾念出他名字的那一刻，他瞬间的感受。

我曾经不止一次地问我的朋友，我问他为什么要放弃成为一个演员或者是明星的机会，反而选择从零开始学习设计，成为一名设

计师。于我而言他真的是外形优加,演技优加,人品优加,更何况他从小就在上海的艺术学校学习,也算是一个童星。如果他当初报考上戏、北电,那么现在的他可能也是媒体的宠儿了吧。

然而面对我的提问他也只是云淡风轻地笑笑,用一种姑娘你还小,不懂我的世界的眼神将我噎了回去。直到他拿到了德国哈勒大学的 Offer,我去给他送行时,他在机场跟我说,他之所以放弃继续演戏是因为他并不喜欢, 但是他却不后悔在最初去艺术院校学习,因为那段经历使他更加优秀,更加沉稳。他放弃的只是一种他并不想要的状态,没有什么我所想的"标新立异",而他选择的也是一种他向往的状态。这种状态会推着他前进,使他成为更好的人。

那时的我还不懂他所说的那些话,也可能是我不想懂,毕竟他是我唯一的一个偶像。

他远赴德国,我们的联系渐少,只是每次看着他更新的博客我都可以知道他生活得很好。在他的文字中我也渐渐明白了他当初的选择,也仿佛看到了他的"前世今生"。

在他放弃走演艺这条路时他的父母并没有反对过, 就是说如果他真的选择好了,那么他们会全力支持他。在得到自己父母认同的时候,他就开始了他的征程。我还记得拿到 Offer 后,距离他去哈勒大学还有段时间, 在这段时间里他每天都徘徊在各大影楼做模特,来赚取自己的生活费。对于这样的忙碌,他也并没有丝毫的抱怨，反而看起来比他拍戏时或者是跑宣传时更加神采飞扬。如果说这是他的"前世"，那么他的"今生"相对来说就平淡很多了。每天面对着图纸、尺子、木头、电锯、绳子或者还有我叫不出名字的东西，可就是这样的他，让我感受到的，是从容，是沉稳，是与众不同。

记得有一次他回来和几名新锐设计师一起做演讲。我在观众席中，看着他走上台，突然有一种恍惚的感觉，不过一两年没见，他就已经成了他所想成为的自己。在台上演讲的他开始跟大家分享他的故事。

他说他很感谢自己曾经做演员的那段日子，正因为有了那段时光，才使得他在设计的这条道路上，不畏艰苦，因为他见过也经历过比这更艰苦的日子。他也会很感谢在艺术院校学习的那段日子，在他和他的团队遇到瓶颈或者是烦累的时候，他可以给他们弹吉他、唱歌，舒缓大家的情绪。也许很多人都会觉得他很与众不同，觉得他做什么都很容易成功。其实并不是那样的，因为他有自己的梦想，有自己的目标，所以他所选择的，所去做的都是他想要成为的样子。

他提到自己刚到德国的那段时间，真的是各种不适应。德国人都非常严谨，在做什么事情的时候都要思虑周全，而他又是苛求完美的人，所以无形中给了自己很多的压力。不过好在他的教授是一位很风趣的老头，总是在言语间就把他的一些顾虑打消，这样就会让他放松许多，设计出来的东西也就不会那么刻板。渐渐地他就开始融入这个国家，这座城市，这所大学，一点一点地开始将他的生活也变得艺术起来。

他认为旅游是一个设计师的成人礼，只有你去过更多的地方，领略过更多国家的大师的设计作品，才会在其中得到自己的感悟与升华。当他见到巴特鲁公寓、圣家族教堂、米拉之家时，他会真心地觉得热爱遇见执着、耐心遇见坚持终会实现，只是时间的问题。每当他的朝圣之旅结束后，他再次设计作品时总会有不同的思维，渐渐地形成他自己的风格，化繁为简，他称为他的理念"A"。

有一次，他从巴黎回到德国，带着图纸去拜访一位已经退休好久的工程师，那位工程师已显龙钟之态，但是在与他讲到工业设计时依旧神采飞扬，在他的图纸上画着、写着，时不时地提出一些自己的观点，这些观点都是让他受益匪浅的。当他们的讨论结束时天已经黑了，两个人的腿在长期保持同一个坐姿中变得酸麻。就在他拜访老工程师过后没两天，他就接到了一个项目，这个项目的一部分就是有关于德国工业的，他将老工程师的一些观点与自己的创作理念和参观领悟结合在一起，当这个项目结束时，获得了意想不到的成功。在回国做这次演讲之前，他收到了德国一家很有历史的公司的邀请，他认为自己很幸运，同时他也要让自己的努力配得上自己的幸运。

　　在他演讲结束后，我们一起去吃饭，我看着坐在自己对面的他久久沉默不语，脑海中就一直在回想着他在礼堂演讲的那些话。突然发现以前的自己真的很幼稚，我总是在用我的思维去看待他的言语行为。我们明明是同类人，他可以轻而易举地读懂我的思想；而面对他的改变与选择，我还是保持着原有的思维去看待。真是万分汗颜。

　　也许是我盯着他的时间太久了，他察觉到我有些不对。为了缓和气氛，他给我讲他小时候在艺校的事情。他说小的时候他的家人希望他会的东西多一些，有一些气质。而且同楼的孩子都有一些才艺，他不能什么都不会，所以就把他送到了艺术院校。一开始他是不喜欢的，因为不能经常回家。刚刚接触那些东西时他接受的也比较慢，所以总是觉得自己不如其他的小朋友。

　　他打电话回家跟父母说自己的想法，他的父亲总是能委婉地拒绝他的请求。在几次如此这般的交流中求助无果后，他开始接受现实。他很聪明，长得也很好，所以老师们很喜欢他，加上他已经度过了陌生期所以也就开始喜欢上了所学的东西。后来有导演到他们学校选演员，导演见到他后几乎是没有任何犹豫就定下了他，就这样他开始了演戏的道路。

　　在拍他自己的最后一部戏时，他察觉到自己不想就这么按部就班一气呵成的，顺着大家所想的道路做这个职业了。正好在拍戏的闲暇之余他在读李国治的《理想的下午》，他越往下看越觉得现在的生活不是他想要的。他并不想在聚光灯下做个不真实的人,他所做的仅仅只是想要让自己成为优秀的人,成为自己人生中更好的自己。那一刻他就下定决心要走自己想要走的路,他现在所拥有的这些东西是使他更好,而不是要捆绑住他。他是一个无神论者,相信生命只有一次,所以他要活得精彩,要取悦自己。他说在童年时代我们会有很多的梦想,很多想要做的事,那时候因为我们的多变,大人们总会把这些话语当成童言无忌。其实那时候的我们就已经决定想要过一种什么样的人生了,只是不自知而已。

在与他分开后,我静静地想了很久,我们读书、明理、知事,不停地自我吸收,自我丰富,让自己变得优秀变得出色,不过是因为我们内心十分清楚人生一世,时光匆匆,就如同手中的沙粒一般,无论你抓紧与否它都会悄然逝去。我们能做的就是活在当下,以自己最好的状态去大步向前,让属于我们的天空更加辽阔,让我们的生命更加美好而精彩。

仔细想想,我们无法插手他人的人生,同样他人也无法指挥你的人生,那么为何我们不好好整理自己的人生?已经忘记在哪里看到过这么一句话:"你之所以认为自己平庸,是因为你从未想过让自己变得更好,而你眼中的那些所谓的与众不同之人,不过是他们比你清楚地知道自己所想要的,从而让自身变得更好。"愿与正在看这篇文章的你共勉。

我不知道将去何方，但我已经在路上

锦　葵

生活喜欢在你不知晓的时候变轨，但于你整个人生而言，这只是一小段路，我相信你能走出自己想要的风景。

即将毕业那年，我去找了一个地方实习，在一家小小的报社，保底工资一千两百元。我在报社附近租了一个带卫生间的房子，六百五十元一个月。

这个年纪再向父母要钱来维持生计就略显尴尬了，所以无论生活怎么难，我的所有开支都只能从剩下的五百五十元里扣。刚去上班的第一天就下起了瓢泼大雨，风也吹得肆意妄为，居然把我已经坏了那么一点的伞全部吹坏了。

我站在一家专卖店外等雨停。孤单就是你站在大雨如注的街上，却想不起谁会是那个给你送伞的人。

雨丝毫没有停的意思，我顶着书包直接冲往报社。

乌云密布，那样，那样浓重的黑暗，慢慢，慢慢地淹没过来，闷在人的胸口。在那个时候，脚下似乎有一股神奇的力量，带着我娇小的身躯，想冲出一道光。

在报社里首先当一个打杂的,大到文字校对、文章排版、作者约稿,小到学生证的丢失声明,都是我做。

生活过得特别累,倒也很充实。每天时间排得满满的,连睡觉也是那规定的八个小时,不会再因倦怠而拖延一分钟。

妈妈打电话来问我的生活情况,我说很好,不要担心,有宽敞的工作室工作,干净的大房子居住,一切都是那么惬意。

说这些话的时候,我正在只有八平方米的出租房里校对当天的稿件,我的旁边是一盒已经泡好的方便面。

妈妈柔柔细语地告诉我,她和爸爸已经在当地的一家私营企业给我找到了一份文秘的工作,副总是爸爸的同学,只要我去,一个月五千元的工资,随便就可以拿到。

我望了望出租房里窘迫的空间,再看了看自己刚校对完一半的文字,想了想自己当初到底想要干什么。

面对妈妈的好言相劝,我断然拒绝了。

我觉得自己想要的生活,再苦也值,就像追太阳的夸父,每一步都是为了离太阳越来越近。

妈妈不再劝我回来,她只要我照顾好自己,毕竟家里就我这一个女儿,没有钱了随时都可以开口,不丢人。

"不,我有钱,过得很好。"没有等妈妈说完,我就斩钉截铁地告诉她。

妈妈不再追问,挂了电话。

天渐渐地黑下来,窗外万家灯火。我喝完泡面的最后一口汤,煮了一壶开水,放上几朵小菊花,端着茶欣赏夜色。

这座城市,它把奢侈和浮华摆在同一个水平线上,夜深了,同样点起了千盏灯。

这座城市,它不会记录个人的悲喜和得失,把所有的一切都藏在一个没有表情的面具之后。

在它的深处,埋葬着一股巨大而浓烈的悲伤。当夜深无人时,被狠狠地释放出来。

在报社工作了四个月,每天都过着一粒米都要算清楚的日子。不独自生活,不知道柴米油盐贵。我用兢兢业业的工作态度换取了报社主编的信任,他答应我毕业后就把我调到与报社有业务往来的出版社去当编辑。

我的小房子,我嫌它太没有生趣,就去淘宝上买了八根爬山虎的塑料藤蔓,我把它们扭在窗台上,就像真的爬山虎一样。

除此之外,我还得抽时间出来写我的毕业论文,有时忙到深夜一两点,都依旧没有折腾出几个字。累的时候喷一点花露水来提神,整个房间瞬间有一种淡淡的香味,写不下去的时候我会翻看一下这几天的报纸,看着有自己劳动汗水的纸张,幸福,欣慰,满足。

五月的时候,我暂停自己在报社的工作,回学校交论文和实习报告。在我关上门的那一刻,看着当初那个简简单单,就像火柴盒一样的小房子,现在被我居住过,竟然有了些许文艺青年的色彩。

它的窗台被爬山虎缠绕,我还用旧衣服剪裁缝制了几朵小花粘在上面。

旧报纸上好看的图片,我也剪下来,用胶带贴了薄膜,粘在靠近我床的那面墙上。

有时间的时候,我还把一下不要的衣服剪成丝带,缠成蜈蚣辫,滚了一个圆形坐垫,正好放在老板娘提供的小藤椅上。

报社里不要的纸盒,我捡回来几个大的,经过装饰,变成了我在小屋里的古朴小桌子。

喝完了的矿泉水瓶,做成花瓶,放几朵工作室外面种的月季,生机勃勃。

你看看,生活有时就是这样,它本身不如诗,但是你要是诗人,也能把它过得有诗意。

我在和闺密聊天的时候,也笑着说自己养成了三毛在撒哈拉沙漠里的那种心态,一切靠自己,一切都朝着美好。

现在,我就要离开这个小屋,可能离开它后,我会步步高升,离我想要的生活越来越近。但我不会忘记,它在我寻梦的旅途上,做了我人生中第一块垫脚石。

毕业之后,果真像主编说的一样,我被调到了出版社工作,不用再当杂工,当了一个编辑。

试用期三个月一过,我就转正,拿到了一份不再让自己那么窘迫的薪水。我换了一间每个月八百元的小房子,还是不大,但多了一个小衣柜和一张小桌子,椅子有两把,但都不是藤椅,只是普通的木椅了。还是和以前一样,楼层很高,只要一打开,就能看到半座小城市。

或许这与父母想要的安宁富贵还有差距,但我会用整个人生去努力。毕竟我的梦想也跟了我那么多年,不能因为小小的物质需求而放弃。

对了,我还计划自己写一本书,向大家说说那些年一直在我心里的故事。我看了无数个故事,也要抽时间为自己写一个故事。

科室里又来了一个小姑娘,安安静静的,所有交代她的事情,她都不留余力地做好。她每天都带着腼腆而富有生机的微笑,像整个人都在发光。

我看着她的宁静,心灵的深处就打开了一条缝隙。那缝隙里发散着朦胧的光,穿越时间,呈现过去。

我想着以前我说自己要当编辑或者作家的时候,父母满脸不屑,亲戚说我不务正业。

那些疼痛的过去,多年之后不过是渺小的尘埃。

我无法改变过去,但我相信我有能力改变未来。

不管什么人给我贴什么标签,我都没有在乎过。不管那些标签是贴在皮上,还是渗透进肉里,或者是已经出现在了骨头上,我都没有流过一滴眼泪。

贴在皮上的撕下来,渗透进肉里的剜下来,刻在骨头上的刮下来,磨成灰。血肉模糊,有什么要紧,内心的希冀,生命还有些许的向往和鼓励。

在久远的生命里,我哪能总是生活在别人打造的笼子里。

我不是特别勇敢的人,但我知道自己想要什么。梦想是一朵火红欲滴的芍药,开花之前人们只会看到它呆头呆脑的苍翠;梦想是一座火焰夺目的火山,喷薄之前人们只看得到它千疮百孔的躯壳;梦想是一条通往宝塔的路,遍地荆棘,但荆棘过后,鲜花遍地。

很少有人能够在开始的时候就拥有炫彩的生活,除了极少数幸运儿,而我不是幸运儿。

蜗居的日子,只是让我在物质上感觉匮乏,但也让我明白了很多,比如不靠父母我也可以慢慢养活自己,我也没有传说中的那么金贵;比如要给自己一些信仰,要有目标,决定了的时候,最好不要再回头。

用句很老的"鸡汤"来说,就是自己选择的路,跪着也要走完。

那些背后的辛酸和泪水,别人都不曾知晓。

就像我第一次来到这座城市,投出简历之后没有回音,我在肯德基里二十四小时等着消息,然后自己一个人在这个陌生的城市里乱转,看到这家报社,抱着试一试的态度走了进去。

　　你可能不会知道,我当时心里大战了一百八十个回合,胆小的自己一直考虑着是进去,还是不进去。最终勇敢了一次,迈出了那一脚。

　　就像我吃扬州炒饭的时候,十二块钱一盒,半盒早上吃,半盒留给晚上吃。

　　就像有的时候,除了报社提供的那顿午饭外,我早上只吃两块钱包子,晚上就是一盒泡面。

　　就像你不知道,我跑了很多家超市,就是想看看哪家超市的哪种矿泉水便宜一点,买了一个大大的水杯,下班的时候趁同事不注意,灌一大杯水带回家去。

　　每个人经历着的多的是你不知道的事情,艰辛和努力,在他们成功之后,我们往往都看不到了。

　　我不知道未来的日子将会怎样,但我知道,我会用全部精力过好生活,并且一步步离梦想越来越近。

　　冥冥中这是我,唯一要走的路啊。

　　我在路上,你在哪里? 路好远,山高水长,一起走吧。

生活可以将就,但梦想不可以

冷　月

梦想不是用来束之高阁的,束之高阁的只是幻想。人活着,没有梦,便会夜夜失眠。

"安,要记得你心里的梦想。"

三十多年前,一个平凡的女人以妻子的身份,向她的丈夫说了这句话,劝他珍惜自己的梦想,不要被困顿的现实所打败。

那个年近三十岁的男人,因为追逐梦想,在现实中无一技之长,只能做个居家丈夫。每天只能带孩子,做家务,然后静静等着妻子带着生活费下班回家。

终于有一天,他忍受不了这样的穷困,也忍受不了这样没有自尊的生活,他要放弃梦想,做一个普普通通的小职员。就在这时,他的妻子告诉他:"安,要记得你心里的梦想。"

三十多年后的今天,他是一位享誉世界影坛的著名华人导演,而她,还是那个平凡但又伟大的妻子。我想大家都该猜得出来,这个男人就是李安。

很多人羡慕李安,但是同为梦想的追逐者,我更羡慕他的妻子。一个女人，要有多么强大的心灵，才能抵御一切压力，让自己的丈夫勇敢追寻那样的梦想！要知道，在以前的美国电影界，一个没有任何背景的华人要想混出名堂来，是多么不容易。我佩服这个妻子的坚强体贴，更佩服这个女人的远见卓识。

梦想，从来就不因现实而卑贱。因为生活可以将就，但梦想，绝不可以。

我认识一位男生，和我同校，但是他比我大一届，今年刚好毕业，准备考研。我本来和他并没有什么交流，有一次偶然问到学习上的问题，他很细心地帮我解答。然后我才惊讶地发现，这个其貌不扬的学长，读过那么多的书，拥有那么多的知识。

大学就是这个样子，看起来大家都差不多，每天过得浑浑噩噩，没有压力，也没有老师管教。但是你不知道的是，有许许多多的人，从比你更低的起点，一步一步爬上了更高的知识殿堂。

我认识的这个学长，他读过我们专业所有上过的课目书籍，而且读到外国文学，还能给我推荐不同的译本，分析不同的优缺点。每天当我们还睡在床上犯迷糊的时候，他就已经晨起，去做一些笔记和朗读。每天晚上，你如果经过图书馆，肯定能看到他的身影。

他并不是那一届成绩最好的，但无疑是懂得最多的。因为凭着自己的兴趣在学习，他不是为了成绩也不是为了奖学金。这样的动力，让我尤其敬佩。

学长毕业了，要让我帮忙给他的学校档案盖个章，我帮他跑完腿,顺便给他寄了过去。

"北京中国社科院……是这个地址么?"我在电话里问他。

"嗯,是的。"

"学长,你为什么要去社科院啊?"我问他。

之所以这样问,是因为他考研的成绩还不错,也可以报一些好找工作的学院。但是中国社科院是纯学术类型的,就算你在里面待了好几年,又做了学术研究,如果初入社会,还是没几个公司会聘你。做学术这条路,没别的字可以形容,就一个苦,我想我们要读研的,大多数都是为了以后找到工资更优渥的工作吧。

"本来是想报考北大的……"他回答我,我吃了一惊。没想到他竟然有个北大梦。要知道我们这边的学院,出个北大的人才,还是非常之少的。

"那你为什么没去呢?"我问。

"唉……北大太难了,我们学校不过是个 211,去年我们有个学姐保到北大的,结果人家连面试的机会都没给。"学长在那头叹了口气。

我默默地点点头,北大虽然是所有中文学子梦寐以求的地方,无奈门槛实在是高,这样的梦想,除了能用来激励自己,其实是很难实现的。

我们又继续说了一些,他劝我也要好好读研,可以来社科院研究所。在那里学术氛围很好，能学到很多东西。我感谢了他，心想我可能还是只会读个普通的院校，因为作为一个女孩子，我不可能一直读下去，工作也是必须要考虑的一条路。

和学长道别以后，我心里有说不上来的感觉，他这样优秀的人，不能去北大也让人觉得惋惜。想必当年，他也是怀揣着去北大的梦想，而日夜奋斗的吧。

我找到那一届的一位学姐，打听学长之前的事情。学姐告诉我，他的确一直很爱读书，也很努力，但是……学姐顿了顿，我问她怎么了，她接着说："不知道为什么，我总觉得他特别小气，平时出去聚个餐他都不愿意去，就为了省那么点钱。我也没别的意思……就是觉得男孩子这样，不太好吧！"

我听了学姐的话，不禁想起来之前学长说感谢我，要请我喝奶茶，因为我帮了他不少忙，我婉言拒绝了。其实我之前也帮过另外一个学长，他直接来学校请我吃了顿饭……

我想了想，他的确出手不够大方，想必这也是为什么平时看见他，总是一个人形单影只的样子。在大学，尤其是大学社团，不花钱是很难混好关系的，无论是帮忙还是拉关系，都需要请客吃饭，这样有来有往，人家才觉得你有礼貌，懂人情。

后来我了解到，学长平时的日子也过得很清淡，粗茶淡饭配上很简单的衣物，穿梭于图书馆与教室之间，这就是他的一天。当我们在刷淘宝、逛街，有着发泄不完的物质欲望时，他只轻捧一本书，对着孤灯，就是一夜。

我承认，我看到过最动人的身影，就是一个人埋头伏案的时候。那种感受，是一种无法形容的能量，让你觉得，你生活在一个积极向上的年代，身边的人简单而质朴，胸中承载着无限可能性的梦和诗。

诗人海子以梦为马，祭祖国之歌。当二十一世纪的繁荣就要到来时，他站在跨世纪的门槛上，对我们挥了挥手："新的世纪是你们的繁荣，你们去吧，我不进去。"

当工业文明和机器挤压着他所深爱的村庄和乡野，他选择以死亡的方式，结束这场他内心里波澜壮阔的斗争。

我们固然不会有诗人一般的不羁和情怀，但我却深深的理解，一个深爱着祖国和家乡的人，如果要接受现实的洗礼和改造，真是比选择死亡还要困难。

胸中的梦想，给予我们这些有梦想的孩子，继续生存的巨大动力。

我记得我们老师说过，他们那一届有个学生，天资极佳，学生时代就热爱创作和写诗，写出来的作品，往往能得到同人们的极高赞誉。但是如今，大家都毕业分配，找到了合适的工作，他却还守着父母给的几平方米破房，守着那几张纸和笔墨，用书法家的情怀，勾勒他的诗歌王国。

而在现实当中，他没有任何朋友，也没娶妻，同学们都劝他不必再坚持了，因为现在这个社会，信息那么发达，一般的文字创作尚不好卖，何况是冷门的诗歌呢！他却仍然我行我素，守着这些诗歌，说："我是一个诗人，这是我的梦想。诗人不能背弃梦想而活。"

但是有很多人，都会暗地里对他的这种做法给予嘲讽。当年那个才华横溢的才子，如今不过是个破落户，没有任何地方值得他们羡慕。

"诗人早就死绝了。"有人甚至这样说。

面对诗歌的冷门，纯文学的惨淡，学中文的孩子恐怕是感受最深的。当初我好不容易考上了这所 211 大学，却报了中文这样一个专业，也是惹得父母不快，找我谈心。可是他们不知道，这么多年来，如果不是凭着这样一份兴趣，我根本不可能支撑到现在。

梦想的力量，能让我们将就暂时的现状，不去管我们有多落魄，有多惨淡。唯有梦想是不可辜负，无法言弃的。

一个没有梦的人，活着便只是活着，将就便永远将就下去了。我之前提到的李安，他并不是为了生活而将就生活，而是为了他的梦想事业；我敬佩的学长，他也并非为了节省而节省，对物质的敷衍是为了有更多的精力与热情，奉献给心中的蓝图；所有以梦为马的诗人，并不是不懂得世界的繁华多彩，他们宁愿被人不屑地活着，也不能被自己鄙夷地抛弃。

不忘初心，方得始终。生活可以将就，但请你保存你的梦想，要记得它当初美好的样子，以此奋斗，终能修成正果。

第三章

有生之年，遇到你是我最大的幸运

后来，生命中来来往往的人多得数不清，我们才发现在茫茫人海中结识几个谈得来的朋友，该是上天多大的馈赠。那么，就让我们在这因缘际会的时刻，报之以最赤诚的真心，好好把握这段好时光吧。

那些年，我们一起随风奔跑的日子

莫 静

生命里总有些无法忘怀的日子，那些快乐的，烦忧的，苦恼的，无力的。而在这些时光里总会有那么个朋友和我们一起随风奔跑着，吵闹着，直到经过岁月的洗礼，我们依旧不忘初心。

我们是高中相识的，因考试失利无奈进入一家私立封闭学校，本以为自己这三年的光阴无非是平平淡淡，无波无痕，却与他相识，让本无期望的日子似乎增添了些许阳光。

我是个偏执且顽固的人，认定的事不撞到头破血流大概是不会轻易转身离开的，这个性格奠定了我与他长达八年的长青友谊。在转眼沧海桑田的残酷现实中始终有个人在我身旁，无论风雨交加还是电闪雷鸣，我只要转身，就能找到那个坚实的依靠，让我悲伤时肆无忌惮地大哭，开心快乐时开怀大笑，忧伤难过时舔舐伤口。

初来乍到，新的环境使得我原本张扬的性格多了几分沉闷。直到那个午后，遇到了身穿白衬衫背对阳光缓步走来的身影，我的眼睛迎着阳光刺痛地望着走来的人，陌生又熟悉。

大概是上天不忍看我一个人在陌生环境中孤独地来去匆匆,送来了他,给我做伴。那个时候碰到他,我是这样想的。多年后回忆起来,仍觉得,缘分有的时候真的能带来无法言语的惊喜。

不记得什么时候开始有着莫名的恋衣情节。喜欢身穿白色衬衣,脸庞清新的男孩,不明白陌生中为什么会带着熟悉。终是抵不过自己的喜好,主动走入他的世界。幸好,一切顺利,我们"桃园结义",成为那段日子里彼此鼓励、支撑的不可或缺的朋友。

我们建立了牢固的友谊,同时迈入了风起云涌的高中生活。

两个人不在一个班级,他在理科班,而我在文科班。我不喜欢数理化,讨厌那些长长短短意象不明的符号,更不喜欢那些生冷的数字。我喜欢清新秀丽的文字,喜欢那些浑然天成的语句。我一直以为他至少应该是个理智的理科男,谁知道接触下来才发现,他是个感性简单的慢性子。我了解清楚这些的时候有些哭笑不得,衬衫情结狠狠坑了自己一把。不过在我为自己深深哀悼的时候,我们的友谊已经突破一面之缘有了突飞猛进的发展。我还是妥协了,没有放弃这个之后陪伴了我一辈子的朋友。

高一的生活在我俩勾肩搭背的胡聊乱侃中悄然而过。"初出茅庐"用来形容我们那个时候特别贴切,新的学校,新的老师,新的生活,我们肆无忌惮,无所顾忌,用我们的不知所谓挥霍着自己的青春。

接下来的两年,我们的友谊更加牢不可摧。

我们几乎所有业余时间都腻在一起,一起背单词,一起做习题,一起捉弄胆小的女生……生活一直这样持续着。

似乎所有的青春年少都会或多或少历经一些无可奈何,我们也没有逃脱掉。无聊的流言蜚语开始以不可阻挡之势散播开来。那个时候学校是明令禁止学生早恋的,于是乎我们被各自的班主任请入办公室"喝茶"。去办公室的走廊上我有些气愤,更多的是担忧,我担心着我们的友谊是否因此终止。我与他,是否会因为这件事成为熟悉的陌路人,这是我不愿得到的结果。无论别人如何看待,我是十分珍惜这份情谊的。一路低垂着头不知所措,烦闷地抓了抓头发试图驱赶走那些乱七八糟的烦躁,脑袋里出现的都是我们鼓励共勉的画面。磨磨蹭蹭进入办公室,没有意外地看到他站在他班主任面前,抬头挺胸,有些像战斗中的公鸡,我险些没有绷住笑出声。我心情莫名放松下来,觉得其实这也不是什么要命的事,我们身正不怕影子歪,无非多费些口水解释清楚。办公室不大,他那边传来的断断续续的老师的训诫夹杂着我们班主任嘴巴一张一合冒出来的大道理钻进我的耳朵,让我有种昏昏入睡的感觉。

当他那句坚定有力的声音响起时,我一下子清醒过来。

他说:"老师,我和她是肝胆相照的'革命友谊',不是你们说同学之间要相互帮助相互扶持吗? 不要用那些混浊思想来考量我们清白的友情。"

我听到他的悲愤陈词差点一个趔趄歪倒，心里还是为他竖起大拇指，如果不是班主任在面前我肯定会走过去和他击掌。也许是受到他的话语影响，我对着我们班主任也脱口而出："我们只是单纯的'革命友谊'。"现在回想那个场景仍觉感动。这场风波过去之后我俩更肆意横行我行我素了，老师也许了解到我们并没有早恋，也许感动于这样一份纯真友谊，后来再没有插手过我们的事。现在，我是感谢他们的，也是因为那个时候他们的信任，才得以让我们这份友谊一直持续下去，没有枯萎在猜忌和中伤里。

我们依旧传递纸条，上面还是些无聊八卦，却给那个时候紧张的高中生活带来适当的调剂。我们依然一起吃早餐，我还是把不喜欢的豆浆倒给他，他把我喜欢的鸡蛋赏给我。他会在我生病的时候，特地在校医院开些西药胶囊随意抛给我，一边凶神恶煞让我把药吞了，一边嫌弃我怕苦的性格。在寥寥几次的生病事件上他看到我怕疼得过分，总是嫌弃地挖苦我胆小，然后站在身边轻拍我的头部以示安慰。在我偷懒不想背那些生硬的数学公式时，他用课本重重地在我头上拍着，然后嘴里不停地喊着笨蛋……

我会在他打篮球时站在旁边拼命加油，舍弃平时伪装的淑女形象，会在他看到女生脸红时尽情调侃他，会在他英语考得乱七八糟时一边挤对他一边帮他复习……

　　时间在我们相互嫌弃相互搀扶中一日一日地走过，转眼高中毕业，我第一次泪眼婆娑，抬头望着这个明显比自己高出很多的男孩，回忆我们共同走过了的这些青春，执拗地喊着，他敢忘记我们的"革命友谊"，我就追杀到天涯海角。

　　因为我们都知道，有些人可能只陪你走一段，离开了，再见面不知道是哪年哪月。

　　他依旧是白衬衫，使劲敲着我的头："我们的'革命友谊'不会那么容易散的，会一直持续到我们很老很老，老到走不动，听不见，看不清。我们依然会记得彼此，记得这些走过的青葱岁月。"

　　终于还是分别了，重新踏上了新的征程。他却一直遵循他的承诺，保持着这份友情。我们的联系从未中断。

　　幸运如我们，考进一座城市两所不同的大学。当我得知我们在同一座城市的时候欣喜若狂，虽然不能像高中那样时时见面，但我们的联系依旧频繁，偶尔出来聚会，聊天。

　　我们怀念从前，憧憬着以后，我以为会这样一直下去，但我们的"革命友谊"建立得迅速解体得也迅猛。后来我有时候会想，究竟是什么让我们变得不再和曾经一样亲密无间反而保持着距离。思索许久后我才明白，这就是成长，有些人离开有些人到来。距离有时并不是坏事。只是那时，还不懂，只觉得无法接受。

　　大学时因为我的关系，室友也常被我拉着和他见面。露也是这个时候和他结识的，渐渐地我们由两人行变为三人行，再变为两人行，只是从我和他变为他和她。

我从积极参与变为独自行走。我不怀疑我们的友谊，只是觉得我们的友谊遇到只能容纳两个人的爱情时，产生的距离让我一时无所适从，更无法逾越。

我和他不再是无话不谈，也不再时常联系，我们逐渐从每天的联系转为一个星期联系一次，再接着一个月难得联系一次，而话题也从烦琐小事变为轻声问候，之后便是长久沉默，我们终于还是变了，不好也不坏！

我以为我们会这样一直不咸不淡，然后彼此遗忘。

接到他的电话，已是我们断了联系许久之后，我每天忙于学业或和新的朋友吃喝玩乐，我努力忘记曾经的那段青春，努力适应新的朋友，努力融入眼前简单又繁杂的生活。

他的号码早已成为手机中众多摆设中的一个，我听着歌一时兴起翻手机时看见这个曾经熟悉的号码，然后愣怔，想着有多久我们不曾联系了。他却在这个时候突然打来电话，我犹豫着接通，不知道该说些什么，电话那头也是一片沉默。

我忽然轻笑出声，想起高中时我们纯粹的誓言。

尴尬瞬间化为虚无，我们絮絮而谈，说着现在的生活，说着他曾经纠结的心事。那段不联系的时间，他一直默默地关心我却从不主动联系。他关注我的微博，QQ，却始终没有勇气拨通我的电话,毕竟他认为最初是他先抛下我们的友谊的。我心平气和地听着,曾经也想过千万种我们重归于好的场景,我告诉自己必不听他解释然后再把他骂得狗血淋头,用手狠敲他的脑袋,等等。只是,真的到了今天,我已经不再是之前那个跋扈张扬的我,经过时间的洗礼,很多事,我清楚无比,有些人,有些距离是你这一生也不可或缺的。

我们仿佛回到了从前,虽然有些许距离却依旧关系如初。

之后的之后,我们分隔两地,在两座不同的城市,我们偶尔联系,偶尔谈心,偶尔奔赴对方的城市相聚。我生日时依旧会收到来自他的礼物,他的生日我亦会送上最诚挚的祝福。

那些一起随风奔跑的日子,我们无从忘记亦不会忘记,它会深深埋在我们彼此的心中,等我们回过头来看,那些青春的疯狂、快乐、难过、忧伤都是如此明媚如此纯粹。

这世界这么大,我只想要一个你

麦 左

因为你曾说过要一直陪我走下去,所以在未来的路上就算再孤单,我也不觉得害怕。你说人生很短,爱情很长,我便信了,在这偌大的世界里,幸好有这样的一个你。

七夕节这天晚上,一群"单身狗"相约去酒吧。

玩到高兴时,有人提议玩大冒险,众人无一反对,似乎都早有迫不及待想窥探别人秘密的想法。结果,第一轮我就输了。

同事一脸坏笑地举着酒瓶当话筒问我:"快说,为什么你这样的'贤妻典范'还没有人要,是不是有不可告人的秘密?"

另一个同事看得着急,打断她的话:"你废话那么多,直接问她有没有喜欢的人不就得了。"

众人一起点头,我不知哪儿来的勇气,点着头说:"有,有过一个很爱的人。"

看着他们惊讶的表情,不等他们发问我便快速喝掉面前的酒,催促道:"继续,继续,下一个。"

因为他们不知道,你于我有多重要,重要到不想与他们分享。他们没有经历过我过去的荒芜岁月,又怎能知道你是如何把我改造成如今的模样。

遇到你的时候,我与其他女生没有差别。整个大学期间都窝在宿舍看小说,偶尔出去逛街,不会做饭,不会整理,不会做家务,脾气火爆,待人处事直来直去。就算有时候说出来的话伤害到别人,也只会觉得特别痛快,那个时候的我,甚是叫人讨厌。

你是一个怎样的男生呢,在人群当中都会被淹没的。不是因为你不出众,而是因为你太想要掩藏你的光彩,不然怎么可能会在那么多的人当中,我就注意到你了呢。

大三的一次聚会当中,班长带着你进来,我们一群人都在注视你,但你却表现得很淡定,大方地介绍完自己,然后就找了个靠墙的位置坐着。你大概是很不希望别人注意到你,所以才会躲在那个角落里,甚至也没有像别的男生一样灌别人酒。

那是我对你的第一印象,低调得想低到尘土里。班长一直在向别人夸你,高中的时候就在市里得第一名,大学曾被国外的名校录取,为了生病的母亲而留在本市读书。大学期间你创办自己的工作室,做互联网方面的运营,听说还赚了不少的钱,已经成为学校神秘的首富。

在班长吧啦吧啦的夸耀当中,你却只是微笑地听着,什么都不说。吃完饭后,我不知哪儿来的勇气,跑到你面前跟你说道:"帅哥,你这么厉害,哪天教教我呗。"

没想到，你竟然很傲气地说:"不好意思，我只会教我女朋友。"

我有点泄气，虽然知道优秀的人通常都会比较高冷，但是没想到会被这么直接地拒绝。结果因为面子，我只好又问你:"那我当你女朋友行不？"

你看了我一眼，摸摸我的头:"等你毕业了再说吧。"

然后，留给我一个高冷的背影。那个时候，我是多么看重面子的人，所以为了不失掉面子，我决定怎么也要追到你，哪怕最后分手，也不至于像现在这么丢人。

话都说出去了，所以我便找到班长要你的电话，然后有事没事开始骚扰你。不过你好像真的很忙，我给你打电话的时候，你常常会说:"要不你等会儿，我一会打给你。"你是一个讲信用的人，也好像不太会伤害女生，所以很多时候我大半夜都会接到你的电话，迷迷糊糊地听到你疲倦的声音说:"不好意思，我刚忙完，上午找我什么事？"

然后我便不敢再每天都给你打电话，因为听到你那么疲倦的声音，总叫人有些不忍。舍友给我支招说，追男生就该给他做好吃的，先抓住他的胃。虽然我表面是拒绝的，但实际上还是在做的。每天在宿舍里偷偷地研究做菜，舍友一开始吃过之后都吐了，终于等到她们说好吃的那一天，我把饭送到你面前的时候，你无比惊讶，然后一口气全吃光了。

　　这个世界上，人总是来来回回，相逢又别离。以前，我从不看重与他人的相遇，也从不计较别人的离开。但自从遇到你，我却那么想要努力留在这座城市，又那么想要变成一个好姑娘。你告诉我，小时候母亲因为要赚钱养家，所以拼命地打好几份工，最后生了病。你从小就懂得，这个世界所有的人都不会因为你的贫穷而施舍你什么，也不会因为你可怜就同情你。所有想要的，你只有努力地去争取，所以你从初中就帮家里赚钱，周末做兼职，顶着烈日发传单。

　　而那时候的我，还在追着明星，每周末就跟同学一起逛街买喜欢的衣服。我从来没有想过，梦想是什么，应该要怎么去实现。大学四年，如果不是你，我的青春应该就会这样一晃而过，毕业后随意找一份工作，然后找个人恋爱，结婚生子。一辈子就这样子了，甚至也从未曾想过，为了生活或者梦想而奋斗。

　　遇到你的那一天，我的世界全都变了。我去过你的公司，在三环边上的一座写字楼里，里面有四五个与你差不多的人，你们每天都工作到很晚，为了一个合同甚至可以连续在公司里待上一个星期的时间。生活当中，很多人都在该努力的年纪享受生活，在该享受生活的时候却要为生活而努力，而你们是另一种人。

　　就是因为遇到你，我才开始慢慢磨去我的棱角，开始也想要成为一个更努力的人。我开始有了梦想，虽然不大，但总比没有好。你如是告诉我，不要嫌弃你的梦想太小，也不要因自己的愿望太小而看轻自己,每个人不管有什么梦,只要能够努力实现,就是一件了不起的事。

大四那年,你的公司遭遇危机,原来的合伙人因为利益问题与你不欢而散。你遭遇了前所未有的困境,因此也更忙碌了,有的时候甚至一个月见不到你的人。那年我忙着毕业,忙着找工作。再见到你的时候,你依然是那副云淡风轻的样子,好像世上所有的苦难对你来说都是无所谓的事。你穿着白衬衣,大概是怕我看到你变瘦的样子。你笑着问我:"工作找得怎样,毕业论文写好了吗?"然后带我去了一家挺好的餐厅里吃饭,从头到尾,你都在问我的事,有没有什么需要你帮忙的。

从交往开始,你似乎从来没有提到过你的困难,也从来没有因为太忙而忽略掉陪我吃饭的时间。那个瘦弱的你,在那时候替我撑起了整个世界。我也问你,你这么忙,这么累,究竟有没有想要放弃,有没有一刻觉得辛苦。

你笑着说:"人生就是一场远足,不管走到哪里,都会有未知的危机等着我们,所以没有什么好觉得辛苦的。"后来,我便一直记着这句话,不管走到哪里,不管遇到什么都不会觉得辛苦。

这一辈子,我虽不算很幸运,但人生当中总能遇到几个聊得来的朋友,总会有一些自己想做就能去做的事,而第一次恋爱还能遇到一个像你这样,教会我怎么经营自己人生的人。后来我想,如果用全世界来换与你的相遇,大概我也不会愿意。

后来,你终于渡过了难关,公司也重新走上了正轨,但我们却分开了。是你提出来的,你说你无法给我一场风花雪月的爱情,也不能够陪我永远细水长流,但好在教会了我怎么在这世上生存。你履行了你的诺言,我做你女朋友,你教我怎么变成一个更好的人。也许你害怕不能给我一个幸福的未来而要离开,也许你害怕以后再提分手让我陷得更深。你说人生很短,爱情很长,所以来日我总会找到自己的幸福。

有的时候,未来这些事我是不相信的。但自从遇到你,你说什么我都信了,你说什么我都能去做,也不知道是爱情的力量,还是你给我的力量。分手那天,我们都很平静,你把公司搬到了北京,而我将继续留在这座城市。看着你离开的背影,想到你第一次拒绝我的时候,依然是那个高冷的背影。的确,跟你在一起的日子里,你没有给我一场轰轰烈烈的爱情,没有像别的男朋友一样陪我看一场完整的电影,情人节送的花都要拖到半夜一点。

可是如果再让我选择一次,我依然会选你,依然很感谢与你的相爱,让我的青春没有辜负自己。世界这么大,但只你一人,便让我此生足矣。

时光不再,你还在

寒　晨

如果生命是一趟疾驰而行的列车,那么途中同行一段路的旅客都应该是命中注定要相遇的人。一旦下了车,再遇到的可能性便非常小,所以尽可能去珍惜每一个同行的旅人,那些生命里曾经陪着我们哭哭笑笑的人。

时光辗转二十五载,今天是我最幸福的日子,因为我将挽着爱人的手缓缓走进那婚姻的殿堂。

作为我最好的闺密,冯楠穿着淡紫色的伴娘服紧跟在我的身边,脸上的笑比我手里的花儿还美。小时候我们俩约定要做彼此的伴娘,那时候她总说一定要比我先嫁人,因为她比我长得好看。

扔捧花的时候,冯楠对着其他抢花的女孩子们嚷嚷着说:"今年本姑娘一定要嫁出去,都别跟我抢。"于是我特意把花丢给了冯楠。

婚礼仪式已经结束了,到了陪亲友们喝酒的时候,冯楠座位旁还空着一个位子。

先生指着空位问她:"还有人没来吗?"

"是啊，我表哥说要来的，刚才给他打电话了，说马上就到。"

冯楠的表哥，白晓宁，我的青梅竹马，曾经他是我最好的朋友。

记忆的闸门突然打开，我想起了很久远的过去，想起了那一段青葱的流年。

小时候，第一次被冯楠带着来我家玩的时候，他说："赵晓希，我们俩居然连着名字呢，不如你做我的妹妹吧？"

我不屑地嘟起嘴，翻了个白眼说："不要，我有弟弟，不需要哥哥。"

从那天起，我知道这个叫白晓宁的男孩，无论是魔方还是拼图，怎么都难不倒他，老师布置的作业总是我还没看完题目，他已经写出了答案。他有着比太阳还热烈的笑脸，然后很自豪地说："因为我是天才啊！"

晓宁的确是天才，但他没有因为太聪明而沾沾自喜。相反，他是个非常努力的天才。

可是那时候我总会呛他一句："听说天才都活不长哦！"

冯楠说，他们两家因为一些财产方面的问题闹过矛盾，她的妈妈和晓宁的妈妈吵架时双双动了胎气，结果才促成他们俩同一天出生。本来晓宁预计要比冯楠晚一个月出生，结果晓宁却做了哥哥。

虽然两家人有过节，但晓宁对冯楠这个表妹却是照顾有加，很有大哥风范。可在冯楠家，只要碰上考试公布成绩，她的妈妈都会说这么一句话:"都是同一天生的,凭什么白晓宁是个天才,你却笨得像猪?"

印象最深刻的还有一件事,那时候晓宁转学到一家很高级的封闭式私立学校,我们之间的联系几乎断了。中考结束后的那天下午,冯楠神秘兮兮地把我拉到学校足球场的墙根下,还叫我伸出手来闭着眼睛,说要给我惊喜,我也没想太多就照做了。大概几分钟后,突然有人搭住我的手,这手感绝对不是冯楠,我猛地睁开眼,看到的竟是白晓宁。他站在我对面,也是刚刚才睁开眼睛。

没顾得上理会一旁冯楠的坏笑和挤眉弄眼,我和晓宁激动地寒暄了起来,那时候我们已经整整一年没见过面,他突然长高了许多。

青春期的孩子都在噌噌地长个子,只有我原地踏步。我说我好羡慕文佳同学的身高,然后还未成年已经接近一米八的他一抬手摸了摸我的头说:"小矮子,你可千万别长高了,高了就不可爱了,这样正好。"

"是吗?"原来矮就是可爱,第一次我不再羡慕别人,第一次我觉得自己也有骄傲的资本。

读高中的时候,冯楠偷偷跟我妈说:"我舅舅家的表哥喜欢你家的晓希哦!"

我妈听了立马去向冯楠的妈妈打听情况,结果因为两家大人之间的纷争，导致冯楠的妈妈向我妈说："要是嫁给他，保准你家希儿遇到一个恶婆婆。"

我妈听了这话回来就教育我，坚决不能和冯楠的表哥有任何瓜葛，离他越远越好。

我听完就点头，但心里却完全没把这话当回事，晓宁的妈妈怎么样我不管，我只知道他是我最好的朋友。

是啊，他曾是我最好的朋友。

十五岁起，我们就不在同一个学校读书了，一年难得几次见面。高三时，有一天他来学校看我，同学们都围着他拍照合影，惊叹原来新闻里的少年天才长这样。

我陪着他在校园里转了一圈又一圈，我们从小时候和冯楠三个人抢着玩超级玛丽聊到了宇宙黑洞是如何形成的……

无论多久没见面，我们永远都有说不完的话题。

读大学时，一个夜深人静的晚上，早已经入梦的我被枕头底下突如其来的电话铃音吵醒。我眼睛都睁不开，按了接听键放在耳边，半睡半醒。

"晓希，你还好吗？"晓宁的声音传来。

"好啊，大半夜的你有什么事吗？"

他说："我没事，只是刚刚做了一个梦，梦见你受伤了，所以就问问你。"

"我怎么可能会受伤，我好着呢！"我的声音似乎吵醒了睡梦中的室友,于是只好悄声说了句:"我困了。"

我是真的困了,只听见话筒里传来他断断续续的声音,我越听越模糊,直到完全睡去。

早上醒来时看到翻开盖子的手机时我还在疑惑,难道我梦游了?再一按,居然没电了。充电的时候我才猛然想起,半夜接到了晓宁的电话。

开机后,我和白晓宁长达三个小时的通话记录着实让我震惊不已,他到底在这三个小时里说了什么,一直在自言自语吗?

我想打过去,却又不敢,怕他凶我,而且长途电话费那么贵,我也舍不得,干脆就这样不了了之。

一个月后的舞蹈考试要到了,一次排练的过程中,升降台出了故障,我从台上摔了下去,还好只是右小腿骨折。

为了不让远方的家人担心,我独自待在医院里,晓宁知道后,第一时间赶来并在医院里日夜陪着我。

手术后的第二天,我躺在床上,突然有人推门进来,我知道是晓宁,所以并没有睁开眼睛。

他走近我,叹了口气,约莫一会儿,他说:"晓希,还记得吗?小时候你总说天才都活不长,也许是真的吧,但我仍然希望能用几年的时间来换你的健康。"

顿了顿,他继续说道:"如果时间不够,那就用一生的好运来换。"

他的声音淡淡的,自言自语一般,可每个字我都听得清晰而真切。猛然间想起一个月前的晚上晓宁打给我的电话,不知是感动还是悲伤,只觉得心发烫得厉害,不知他有没有看到我紧闭的眼角划过的泪。

咚咚的敲门声响起,护士小姐来给我换药了,可她刚一碰到我的腿,我就哇哇大哭了,不是她弄疼了我,而是我需要找个契机让眼泪流得理所当然。

大学毕业那天,和室友因为小事闹了矛盾心情不好,他来找我时,我骗他说,我失恋了。

突然他拉住我说:"晓希,我有话要说,而且今天一定要说。"

看着他认真的眼睛, 我突然意识到一件我不愿它发生的事可能就要发生,可彼时的我,只能敛容屏气,然后点头。

"我想告诉你的是,这么多年,有句话我一直压在心底,那就是——"

"别说了!"我还是打断了他的话,我比任何人都清楚,白晓宁不只是青梅竹马,这一点连冯楠都看得出来。可是,我只想和他做一辈子的朋友。

"一定要说!"他的语气很坚定,"我一直都以为会这么和你在一起,可我忘了,我们会长大,有一天你会有喜欢的人,可是我希望那个人是我,因为,你是我的……梦想。"

"梦想"两个字说得轻飘飘的,可对我来说却是沉重的负担。

想起他说的那句,用一生的运气来换我的健康,我的眼泪就流了下来。

看到我哭,他竟然没有停下来,反而继续说道:"晓希,你愿意和我结婚吗？"

如果说这世界上有一个人我不忍辜负,那就是白晓宁。也不知从何时起,我开始害怕这一天的到来,害怕看到他失落的眼睛,害怕他所有的付出最后只得到一句简单的"谢谢"。

那一天,我把他一个人丢在原地,自顾自逃走了。

不曾想,这一别竟是三年。

三年间,我再也没有主动联系过他,只是偶尔通过冯楠了解到他的一些情况。我知道他有了更大的成就,他成了父母的骄傲,也实现了自己的理想,总之,他的生活像诗一样的精彩。

这三年间,我辗转到了多个城市,做过不同的工作,也认识了无数的朋友。最值得骄傲的是,我找到了属于自己的"梦想",我的先生,今天他会挽着我的手带我走进那幸福的殿堂。

记忆戛然而止,因为我看到了大厅门口站着的白晓宁。

他走过来时,冯楠截住他说:"哥,你怎么来这么晚？"

"实在抱歉,在酒店外面找停车位就找了半个小时。"

"不会吧！我不管,反正你要罚酒三杯,谁让你是今天最晚来的。"

他很爽朗地笑了,说:"才三杯吗?一点问题都没有。"然后他转过头来看我："不过在这之前，我有话想对你说，而且，今天一定要说。"

这个表情，还有这句话，怎么如此熟悉？对了，三年前我们的最后一次见面，他说过这样的话。

看他这阵仗不会是要在婚礼现场再跟我表白吧！也不是没有这可能。可今天是什么日子，他不会这样的，一定不会。

他清了清嗓子，我的心也提到了嗓子眼，像是一个期待已久的事情就要在一瞬间尘埃落定。结果他说："祝你们永远幸福！"

先生在一旁和他握手，然后邀他入席，两人交谈甚欢，像是熟识已久的知己老友般亲切。

猝不及防，我们就这样长大，经年之后，我们将会各奔东西。我相信，无论在哪里，有白晓宁作陪的那一段青春岁月，都是我最珍贵的记忆。

看到他和冯楠坐在一起谈笑风生，觥筹交错，推杯换盏的间隙里，恍惚间我好像看到了小时候，看到了我们曾经如火的青春。

茫茫人海，相遇已经如此难得，能相携而行这一段人生路，我更是充满了感激。生命的列车在这一程就要丢下一些人，丢下那些曾经说着陪我到终点的人，因为我将启程迈向新的征途。

送走了一批又一批的亲朋好友。白晓宁，他也要离开了，我知道下一次再见可能遥遥无期了。

可是，我亲爱的朋友，纵使时光不再，你还在。

幸福可能姗姗来迟,却不会沉睡不醒

木 一

幸福是个调皮的孩子,他偶尔也会偷偷懒、打打盹,不过不必担心,他不会沉睡不醒。因为你那么努力生活,幸福没道理看不到呀!

CC 是我的闺密,她有一副好嗓子,唱歌很好听;她有一双巧手,做饭很好吃;她会把家里收拾得干干净净,也会把工作做得妥妥当当。按理说,CC 应该很好嫁,但在这个以瘦为美的时代一百三十八斤的体重成了她的致命弱点。

CC 本命年的时候家里开始给她安排相亲,她很听话地去了。我觉得不可思议,我们这种新时代女性怎么能去相亲呢? CC 半开玩笑地说自由恋爱是我们这些瘦子的事,她这样的胖子还是适合相亲。她眨巴着眼看我,我一时不知道该怎么往下接,说"你哪里胖了"太假,起不到安慰的作用。

CC 相亲好多次,每次都是无疾而终,大部分是因为她的体重。我们知道,CC 也知道,可她就是狠不下心来减肥,直到遇见陈先生。

陈先生是和 CC 一样喜欢古典文学的文艺青年,和以往的相亲对象不同,她和陈先生并没有直接见面,而是先在微信上聊了一段时间。他们相谈甚欢，CC 对陈先生有好感，陈先生对 CC 的印象也不错。可他们见面之后陈先生的话就少了，虽然偶尔出去吃个饭，看个电影，但全是 CC 主动。CC 以为只要她努力，他们还是有可能的，毕竟他们俩是有"感情基础"的。可很多时候你以为的只是你以为而已，陈先生还是没看上 CC，不过他说得很含蓄，他说听 CC 的声音以为是个软萌的妹子，见面之后感觉不合适。CC 伤心地对我说："什么不合适，还不是因为我胖吗！我知道我俩没戏，能到今天，全靠我死扛。"我义愤填膺地说："男生都是视觉动物，你那么多优点他们看不到！"CC 无精打采地说："这就叫'一胖毁所有'，大概对于我们这种胖子来说，幸福是看不到我们的。"我说："你别这样想，每个人都会遇到幸福的，只是早晚问题。"她突然啪地拍了下桌子站起来说："不行！我要减肥！"

以前 CC 也嚷嚷着减肥，可坚持不了一周就放弃了，这次 CC 坚持了两周还没放弃，看来，她是来真的了。CC 说要送我一些东西，给她开门的时候，她手里拎着一大袋零食，倚在门口，说东西是从她家搜出来的，她要减肥，不能看见这些，给我比扔了强。我一脸谄媚地接过东西，说："这么好，赶紧，我妈做了你最喜欢的糖醋排骨，洗手去。"CC 一反常态，站在门口不动，我磨破嘴皮子也没能诱惑她，这要搁以前，她肯定手都不洗先钻进厨房偷吃一块，看来她是下定决心要减肥了。

CC 每天早上六点准时起床去公园跑步，晚上去健身房锻炼身体。后来,她听说爬楼梯能减肥,一到饭点儿就守在楼梯口,她给自己定的任务是十二层楼每天上下各爬五遍。爬第三遍的时候她觉得自己要累死在楼梯里了,她告诉自己不能停,要坚持,于是擦了擦满头的汗抬着灌了铅似的腿接着往上爬,她每抬一次脚都觉得要用尽全身的力气才抬得起来。她边爬边想,越想越觉得委屈,泪不知不觉掉下来,混着汗流进嘴里,咸咸的。这次一定要成功,她暗下决心,连她自己都没想到上下各五次的任务她竟然完成了,她趴在楼梯上喘着粗气笑着流泪。她说浑身的肉随着脚步晃荡的时候她就发誓一定要把这些肉甩掉。后来,爬得久了她不再气喘吁吁,于是又给自己增加了跑步的任务。我都觉得她疯了,每天吃那么少,运动量那么大,CC却说女生就是要对自己狠一点,将来的自己才会感谢现在狠心的自己。

坚持了快一个月,CC真的瘦了,当然,效果并不是立竿见影的,只能从电子秤上看出她的确瘦了两公斤,我能看到的只是她略显苍白的脸。我担心她的身体,CC却看着那少掉的两公斤开心得合不拢嘴,像看到胜利曙光一样,说:"加油!再减十公斤!向幸福出发!"她斗志昂扬,信心满满,像一位无所畏惧的勇士,在为幸福而战。

CC减掉十公斤的远大目标还没实现,她的身体就"罢工"了。那次我们一起去逛街,她饿得肚子咕咕叫,我拉她去吃她最爱吃的烤鱼,到门口了她拽着门把手死活不进,嘴里嚷嚷着:"不行!我不能吃!现在吃就前功尽弃了!"毕竟是在公共场合,我不好和她拉扯太久，只好妥协。我们逛着逛着她突然就晕倒了，当然，没有电视剧里那么夸张。她只是浑身无力，站不起来了，而我又拉不动她。有几个人围上来问怎么了，就在大家七嘴八舌议论的时候一个男人走上前看了看CC，说："没什么大事，可能是低血糖。"然后他让我去买糖或者巧克力。我迟疑了一下，他好像看出了我的顾虑，点点头，说："放心，这儿先交给我吧。"

CC虚弱地半睁开眼，看了看面前这个人，嗯，侧脸还挺帅的，重点是一个男生的睫毛怎么可以这儿长，CC也不知道自己在这"危难"时刻怎么还有工夫花痴，但不可否认的是他笑起来真的很温暖。那人问CC好点没，CC点点头，说："嗯，谢谢你啊！"

我回来的时候人群已经散了，CC也好多了，我把糖塞给她。那个男人看了看CC，说："你们这些女生天天减肥，身体都不要了。"CC虚弱地问："你怎么知道我减肥？"他说刚才吃饭的时候一抬头看见一个女孩抱着饭店的门把手不肯进来，他觉得好笑，不禁多看几眼，忽然发现这女孩还挺可爱的。CC尴尬地吐了吐舌头，心想：丢人丢大发了。看他这么专业，我们还以为他是医生。没想到他却说："我是医生，不过……不是给人看病的。""啊？那你给谁看病的？你……该不会……是兽医吧？"CC一脸惊恐地看着他。他递过来一张名片，原来他叫高磊，开了家宠物医院。CC看了看名片，说："没想到今天竟然被你个兽医给救了，为了谢你的救命之恩，我们一起吃个饭吧。"高磊看了看CC笑着问：

"不减肥了？"CC 说："没事，你们吃肉，我吃菜。"

　　以前总觉得医生是那种一板一眼的人，高磊不是，他很风趣，给我们讲宠物医院发生的事，逗得我和 CC 笑个不停。都说爱小动物的人都有爱心，看得出来高磊很有爱心。回来的路上我问 CC 有没有觉得高磊好像对她有意思。CC 揉了揉自己的脸，说："唉……怎么可能，一见钟情这种事是不会发生在我们胖子身上的。"我拍了拍她的肩膀，说："那可说不定，你这么好，幸福一定会来找你的！"CC 说："我也纳闷了，依我这体格幸福就算近视也应该能看到啊，怎么就不来呢？"我告诉她只要用心期待，幸福一定会来的，只是早晚问题。CC 点点头，说："嗯，所以我要继续努力，接着减肥！"

　　CC 接着爬楼梯，继续节食，每天只吃水果，高磊一直说她不用减，这样就挺好。每次 CC 都瞪他一眼然后接着减自己的肥。其实我们都看得出来高磊是真的喜欢 CC，可 CC 就是不答应。我们都劝 CC 从了高磊，CC 一直说时候未到，我们都不知道她的"时候"是什么时候。

　　CC 坚持了三个多月瘦掉八公斤，虽然没能达到十公斤的目标，不过减肥效果已经能从她宽松了的衣服上看出来了。她拉着我去逛街，兴高采烈地试着小一号的衣服，她朝着镜中的自己说："谢谢你啊，这么努力，终于瘦了，辛苦你了！"她的辛苦我看在眼里，她跑坏了三双鞋，还闪了一次腰，她饿得捂着胃在床上打滚，她爬楼梯时不小心从楼梯上滚下来，她以前仰卧起坐一直起不来，她不仅逼自己学会了，还做得挺不错……在减肥这条路上，她遇到很多困难，可她始终没放弃，还是坚持下来了。

CC瘦了，她终于答应了高磊，成了高磊的女朋友。我问她怎么现在才同意，她说她瘦了才能配得上他。哦，原来CC说的"时候"是等她瘦的时候。CC问高磊："男生不都喜欢瘦瘦的萌妹子吗？"高磊望着CC的眼睛深情地说："你怎样我都喜欢。"CC问："从什么时候开始的？"高磊想了想，说："应该是你扒着饭店门不进去嚷着要减肥的时候。"CC忍不住哈哈大笑，高磊也跟着笑，笑得满天星星都亮了。

其实，真正喜欢你的人是不在乎高矮胖瘦的，因为他喜欢的是你，而不是加了修饰语的你。而你喜欢他，也会努力让自己变得足够好，好到可以挽着他的手幸福地站在他旁边。你们都这么努力去爱了，幸福没道理看不到你们呀！

不管你是iPhone腿的瘦子，还是水桶腰的胖子，都有幸福的权利。请你相信，只要努力，幸福总会看得见。如果你想要的幸福还没来，别急，静下心安安静静去努力，等你足够好了，幸福会毫不吝啬地给你一个大大的拥抱。幸福是一个调皮的孩子，玩累了它也会打打盹，不过你放心，它也是个有责任心的孩子，它可能会姗姗来迟，但不会沉睡不醒的。

CC结婚时深情地望着高磊说："原来幸福真的会来啊！"高磊笑着回答："是啊！你这么努力，幸福不会沉睡不醒的，它可能只是来得晚一点。"是啊，想要幸福的人，请记住，越努力，越幸福！

世间最美好的相遇，就是各自盛放

无痕君

每一场久别重逢，最大的幸事，便是看着彼此，盛放成最好的人生状态。

小长假的时候，葵来了信，说邀我去参加孩子的周岁酒。收到这封信的时候，我正处在写作的低谷期，整天脑子里闹哄哄的，编辑虽说没有过多催促，内心却也是满含期待。于是，我收拾好行李，毅然决定出去散散心。

葵的家安在凤凰古城，她不是苗族人，丈夫却是正宗的苗家阿哥。她在沱江边上开了一家咖啡馆，在网上还颇有名气，很多人会慕名而去，然后点一杯咖啡，几道甜品，赏一赏江景，闲谈几句。

我到的时候，天正下着淅淅沥沥的小雨，青石板被雨水染成墨色。沿着沱江慢慢走，一边看江对岸烟雨朦胧的吊脚楼，浮躁的心竟生出几分宁静来。

我没让葵来接，一个人走到她店里，到的时候她正站在店外给一位游客指路，模样倒是没变多少，神情却开朗了许多。看到

我的时候她先是一愣,接着便跑过来扑到我身上,我无奈地笑了笑,说她都成了孩子的母亲了,还这样不稳重。

她将孩子交给丈夫带,便拉着我去了附近的小酒馆,酒馆的人不多,三三两两低声絮语。我们点了当地的糯米酒,香香醇醇,很好入口。

酒过三巡,我们俩的话渐渐多了起来,她说了很多过去的事情,眉宇间也有了些许释怀。可是唯独有一件事,她至今仍旧如鲠在喉,说不出,又放不下。

我叹了一口气,撩开额头上的刘海,浅浅的一道疤,不细看根本寻不到踪影,却几乎成了她的心魔。

与葵的相遇,说起来有一点奇妙。因为谁也没想到最应该水火不容的两个人,最后却成了肝胆相照的好姐妹。究其原因,大概是因为我们曾是工作上的对手。

那个时候我刚毕业,被分配到一家杂志社搞实习。葵也是这个杂志社里的实习生,比我早来一天。我到的时候,几乎第一眼就发现了人群中的她,瘦瘦小小的女孩正狠狠地瞪着我。让我在意的并不是她眼里的不服输与挑衅,而是我发现她的眼睛格外明亮,就像儿时夏夜的星空,纯粹得不可思议。

葵有个特点,就是不做则已,做就要做出名堂。她做事总是很有干劲,学习也很有天赋,不过大概是没有系统地学习过的缘故,做事情总是不能尽善尽美。而对于我们这些专业对口的人来

说,那些事情可谓是呼吸之间,得心应手。

她在旁边偷偷地看我做事,我也不私藏,什么都不瞒她。每当我回头看她的时候,她却装作一副不在意的样子,活像一只高傲的小猫。只是当我开始工作时,她的眼睛又溜到我身上,一眨不眨地盯着我看。这些事情都是在她离开很久后,其他同事偶然对我提起的。

就这样实习的时间过了一大半,我们俩的关系亲近了不少,可是还是没有更进一步的意思。直到有一天,我发现她在工作的时候竟然开始走神了,还出了几个不大不小的错,这是平时几乎不可能出现的状况。她还因此被主编斥责了好几回。

后来,我才知道她男友借了她一大笔钱,然后消失得无影无踪了。而现在她家里又出了事,与她相依为命的母亲得了病,急需用钱。我把积蓄拿出来给她应急,然后陪她穿过大街小巷,通过各种方式找人,最后在一家酒吧里堵到了她的男友。

我看见两人争吵,拉扯,甚至快动起手来,最后她男友居然以分手相胁。我头一次看见,倔强的葵露出这样失措的眼神,心中怒火一烧,抄起啤酒瓶就给渣男头上来了一下。现在想想当年真是年轻气盛,看不惯的事当真一点都不能忍。

我看见男人头上的血流下来的时候,就知道要坏事。果然,最后我们不但没要回钱,还小赔一笔。不过,令人欣慰的是我们的关系好了不少。

为了酬钱，她退掉了公寓，搬过来和我一起住。那段时间，我们过得很拮据，每天用简单的食物果腹，然后拼命地工作。

可是，她还是接到了母亲的病危通知。我记得她那天望着窗外的瓢泼大雨，轻轻地对我说，她终于只剩一个人了，淡淡的语气里满含绝望。

我那段时间可谓是焦头烂额，杂志社与公寓两头跑，生怕她有什么闪失。她倒没有做出什么极端的事，可是却生了一场大病，她躺在床上，眼中的哀伤浓得化不开。她这么一病，情绪反倒慢慢稳定下来。

可是，有些事情偏偏还是找上她了，就像压死骆驼的最后一根稻草。葵的前男友又开始纠缠葵，无非就是以头上的伤为要挟，找葵要钱。在他们的又一次拉扯中，我很"光荣"地被推出去撞到了车上，不偏不倚正撞到了头，那时我不知从哪里来的力气，站起来就对渣男说，我砸你一下，你推我一下，这事算是扯平了，以后不要再来找葵了。

说完我便晕了过去，错过了男人眼中的惊愕和葵瞬间苍白的脸色。

我撞得有一点严重，在医院几天头都昏沉得厉害。葵在旁边，哭得眼睛都肿了。可是当我的伤稳定下来的时候，却发现葵好几天都没出现了。我去杂志社找她，得知她已辞职快一个星期了。

后来,我到处打听,才得知,葵找人狠狠地揍了她的前男友一顿,伤势恐怕不轻。大概是打得狠了,葵的前男友居然也未曾来找我的麻烦。

那时我们做事冲动,不计后果,可是多年后回想,也的确没有什么后悔的地方。唯一遗憾的大概是,当初没有提早发现,让葵留下来吧!

离那件事过去已经快一年了,我的工作走上了正轨,可是我却失去了葵的消息。其实,也不能说一点联系都没有,至少我会每个月会收到一封匿名来信。她从未说明,但那无疑是她,信中提到最多的便是让我保重身体,然而对于她自己的事却只字不提。

她不提,并不代表我毫不知情,至少从字里行间中我也能揣摩几分。更何况,我知道她并没放弃写作,我会买有她文章的杂志或是她写的游记。

她那段时间过得很辛苦,但是去了很多地方,心境开阔了不少。她渐渐从母亲离世的悲痛中走了出来,也放下了前男友,并没有因此失去对于爱情的憧憬。我想,时间的流逝总能让她淡忘往事,当我们再次相见,她依然会是当初那个眼神纯净的女孩。

又过去了大半年,我得知她谈了恋爱,她虽未明说,但多次提到那个他。有时我也想,爱情真是一个奇妙的东西,让她的文字充满色彩感,我每每读到蕴含其中的情感心都为之一动。

她开始向我透露她近来所在的城市，可是遗憾的是她在每个地方停留的时间并不长。我尝试过给她寄信,可是往往她都会错过,于是便歇了这份心思。

她告诉我,她结了婚,有了宝宝,打算在丈夫的家乡安定下来。接到这个消息的时候,我正处在事业的上升期,所以就没有去参加她的婚礼。我们并不着急,因为我们再次相见是迟早的,不勉强,不耽误,就需要那么一个时机,自然得就像所有的旧友重逢一般。

孩子的小名叫欢喜。意思不言而喻,她最希望的是孩子能过得开心。我送了宝宝一对银镯,葵安然地收下了。苗族人对银是有特殊情怀的,认为是纯洁的象征。

孩子的周岁宴是在苗寨摆的,好不热闹。葵的丈夫为我们唱歌,歌词的意思我至今还未完全弄懂,但是其中对葵的情意,却真真切切地感受到了。

傍晚的时候,他们燃起篝火跳舞。我避开人群,一个人去爬了南方长城,那是当初苗汉两族人的分界线,现在已然成了热门的旅游景点。我坐在城墙上,吹着风,葵不知什么时候晃晃悠悠来到我身旁,手里还拿了一壶用葫芦装的猕猴桃酒。她举着酒大声喊道:"为相聚干杯。"是了,旧友重逢,当浮一大白。

我不禁想,当年的我们舍生忘死,以为生命会从此划上的一个句号，却不曾想原来人生就像一串省略号,坏的事情终会过去,欢乐的日子将会来临,心永远是向着未来的。

　　晚上我躺在房间里,听着屋外隐隐约约的歌声,就像平静的心湖中漾起的涟漪, 就像微风拂过我的脸颊, 又像燕子掠过湖面。霎时,灵感突现,脑海里迸现出我的下一个故事,那将会在歌声中开始,又在悠长的曲调中继续。就如同我与葵,又如同葵与她幸福的一家。

　　人生往往如此,危机的尽头总会有转机。今宵对酒,不言别离,只道相聚。

后来,我们终于冰释前嫌

习之调

　　我曾经因为你而撕心裂肺,我也曾经因为你而劫后余生。你对我来说,是过客,是驿站,只为我通往更好的旅途。

　　我要向你讲明,所有的青春都铭记于眷恋。

　　那些起起伏伏的夜晚,被噩梦缠身时,你在我心里,一直都是那么坚定。

　　我懂你讲的所有故事,正如我能读懂你。我看得到你所有的眼泪,风既然不能吹来,那就请你允许,我用温暖而干燥的手替你擦干。我知晓你夜不能寐的思索,也能明白一份思念到达另一条河岸所经过的时间。

　　可是你不懂,到达那个河岸只要零点一秒,但到达那个人心里,恐怕是永生都不行了。

　　于你而言,她是光。

　　于我而言,你是光。

　　我一个人走了那么久,都不曾着急和害怕。只因为,内心除了文字之外,还有你这束光。

1

风,季节,我看见燕子时不时扑腾到我们教室的窗玻璃上。

午睡时间,我明明感觉很劳累,但不知道怎么搞得,就是睡不着。黑板上红色的大字写着:"距离高考仅剩二十二天。"它们那么灼耀地在发光,刺疼我的心和眼。

下午上课的时候感觉疲惫不堪,我用清凉油涂满额头,好让自己清醒一点。Madam 站在讲台上分析一套较难的英语试卷,我仔细地听着。不一会儿,一张试卷上密密麻麻,像爬满了小蚂蚁。

有时,一瞬间的思绪交错,我会突然想起你。人要多么努力才能得到自己想要的生活,尤其是没有背景的一个男生。我从多方面知道,你的生活,并不那么如意。

你考了那么高的分,最后却因为某些原因,填了一个并不那么如意的学校。

亲爱的 E 先生,人在最初的时候都不知道如何表达自己的情感,我也一样。当我知道,你是想浪迹天涯去陪伴另一个她的时候,我没有理智,总是容易一下子崩溃,在任何情形下都放声大哭。

没有人陪我,除了即将到来的高考。

有天晚上,闷热了一天的小镇竟然刮起了风,我鬼使神差地想给 E 先生打一个电话。向他报告一下现在的生活,大概也是想在心里给自己鼓一把劲，告诉自己无论多么难，都有人在我面前先承受，我也一样可以好好地面对一切。

电话里，E先生依旧很温和地向我问好，他可能早就看透了世事的无常和造化的把戏，所有的话语都变成了一句，高考加油。

他看我，就像看一个任性的小孩，大概折腾折腾就会累了，累了之后终会安静下来，好好生活。

生活不是把所有的情思都寄放在别人身上，靠别人的只言片语给自己鼓励，自己的努力当然比任何鼓励都有效。但是来自某些遥远得像信仰一般的人的鼓励会让一个人更努力，更上进。

2

倦意像潮水一样涌来。

高考结束后，我坐上学校租的校车，找了一个靠窗的位置，打开半扇窗，歪着头小睡了一会儿。

解放了的同学热情澎湃，在车上放声高歌，说得不好听一点就是鬼哭狼嚎。满载着希望和悲痛的一辆车就这么回校了，一路上都是祝学子们高考大捷的横幅，喜气洋洋。

下车之后决定再把学校看一次，毕业之后不知道还会不会回来看看。

我在校园里某个不知名的小花坛里，看到了一棵开得满眼灿烂的树，它连叶子都是夺目的紫红色。

它就在我们学校图书馆的外面。

我想起了一年前还在这个学校穿梭的 E 先生。

不知道在那个时候,他面对此情此景,又是怎样的心情。

只有经历过苦痛的人,才会成长。

听说养蚕的人一年要给桑树剪一回枝,那样桑树能够在来年更枝繁叶茂。

成长也是一样,梨花一坠,春风伊始。

我依旧觉得认识你,可以让我不枉此生。

我依旧期待和你一同微笑,静待日子的每一个花开。

3

E 先生在武汉读大学,我告诉自己,此生不论怎么样,都要去武汉一次。我想走走他曾经走的路,欣赏一下他曾经看到的朝阳与落日,品尝一下那里他说了很多遍特别好吃的周黑鸭。

对了,我听说武汉还有很美的樱花园,很多姑娘穿着汉服在树下拍照,多么端庄和美丽。

那时的我一腔热血,高考后喊着一个好姐妹就去了武汉,没有碰上樱花开放,只是武汉的灯火辉煌,倒也是在内心里留下了极为深刻的印象。

人生倒是有了这些遗憾才完美。就像我并没有联系 E 先生,我也并没有看到樱花,但我吃到了很正统的周黑鸭。微甜,微辣,像极了奋不顾身的青春。

我在武汉玩得很疯,还在长江大桥上跳了个舞,大晚上的,行人匆匆,没有人注意到歇斯底里的我。

来武汉之前,E 先生发了一条说说,说他真正喜欢那个女孩,可以一生都不改变。

我想与命运打一个赌,到 E 先生在的地方找到他,想把他抢回来。可是一个心都不在我这里的人,我要如何抢回来。

千里迢迢赶来这里,却连一个打电话的勇气都没有。爱有时是多么卑微,卑微到尘埃里。

好友几次因为我的犹豫不决觉得不满,她甚至打算拿我的手机帮我把 E 先生约出来。我却在最后做了一个让她惊讶的决定,我决定放弃自己的所有执着,为这一段单相思画一个完美的句号,到武汉来,看了一下他生活了一年的城市,也算是完美落幕。

我取下了代表他名字的项链,项链上刻着一个镶钻的 E 字母,以前觉得全部都是有他陪伴的力量,现在看来,不过是一场自作多情的青春罢了。我迎着风,把它狠狠地抛向了远方。落水无声,我甚至看不到这个小小字母泛起的涟漪。

突然,我抑制不住蹲下来大哭,同行的好友抱着我,尽管哭吧,哭了之后就要忘记,以后的日子还是要好好过的。

遗忘也是某种程度上的治疗,只是需要漫长的时间而已。可能过程并不好受,这毕竟是要把一个人抽出你的生命,抽出你的未来,也抽出了他给予你的那些记忆。

放弃不是一个好受的过程,这种感觉就像是从你身体里慢慢抽走了一部分。

抽走的,不仅是坏死的血液,更有大部分病毒。痛过之后,永久的新生,终生的免疫。

这样说来,也未免不好。

一个人,要用多久才能遗忘一段感情。

一段景,要怎样细水长流才能全部看清。

4

走出E先生的阴影后,我又一次看见了阳光。

我本是一片绿叶,应该在阳光的照耀下长得更加青翠。

等我,等我慢慢地修复,慢慢地结痂,慢慢地恢复笑容。我要把所有的空白的日子都列出来,想在未来涂上绚丽的颜色。

比起七月,还有更美的九月。

生命,不是有更远的期待么?

那我现在,所有的痛苦都算得了什么?

我把自己的书桌和一些书籍搬到了阁楼里,阁楼安静得可以听到树叶沙沙的声音,只要打开天窗,就有明媚的阳光射进来,甚至可以看到空气里浮动的尘埃。我把阁楼收拾得干干净净,告诉妈妈我要在阁楼里待半个月,写点东西,回顾一下大半个青春。

我开始喜欢这样的安静,开始以一种遗世而独立的姿态品味人世赠予我的孤独。

我的孤岛，永远在另一片彼岸，在我所有的希冀中，是我在尘世逃亡时的"候补天堂"，是可望而不可即的未乡。

那段时间我突然爱上了孤独。

爱上了炎热的夏天，自己躲在阁楼里写文章的时光。现实里没有的未来，我全部放到了文字里。不需要给予太多，换种方式得到的更多。

爱上了转凉的夜晚，家里那只虎纹猫坐在旁边，它睡觉的时候发出一阵一阵的呼噜声，我的键盘哒哒哒地写下行云流水的文字。

爱上了持续不断的蝉鸣，是夏季末尾的交响乐，数着蝉鸣进入梦乡。醒来的时候，外面已有微光。

妈妈有时见我没有下去吃饭，会给我送几根玉米上来。偶尔她也戴着老花镜看看我写的东西，略微点评一下。玉米香充满我的阁楼，原来生活也可以如此美。

关于爱情，即使不是主角，也原谅了有自己出演的这场散场电影。

苟且，诗，远方，时间来来去去，电影的主角不断地换人。

同样有一些问题，可能永远都找不到答案。时间不会等你去尝试哪种选择更好，一旦做出了选择，有些事情就永远没有回头的机会。那些不属于你的物品的消失，不叫失去，只是换一种方式离开。

你和我，我们，所有的人，一起一次又一次地经历了时间的打磨。慢慢学会接受一切，学会权衡利弊，懂得自己想要的究竟是怎样的人生。

每一个黑夜都有迎来黎明的时候，每一片乌云都有变成彩虹的时候，每一棵小草都有开出鲜花的时候。

无论怎样，我们都要过好。

学会如何去爱别人，并不一定要得到，学会如何去爱自己，并不一样要闪耀。

你可以更坚强了，可以勇敢地微笑了，有更执着的念想，会让你甘心拼搏，勇于向前。

快乐地走过这片沼泽地，去大森林里拾取一朵鲜花吧。

愿每一次告别都会江湖再见

凡先生

这世界纷扰喧嚣，尔虞我诈，你却让我相信，欣喜相逢的故事都会江湖再见。原来，你一直都在，从未离开

柒曾经对我说过，人不可能一辈子在一起。那些电视剧里孤独的剑客惺惺相惜，到最后大多刀剑相向了。她说这些话的时候，表情很严肃，像是在做一场沉重的告别。

我以为这仅仅只是一个玩笑。然而是真的再也回不去了。

时常会想起那个夏天，在操场最高的看台上，视线像是穿越了整个世界，能看见穿着裙子的姑娘和塞了耳机的少年，能看见抖空竹的老人和刚学会走路的孩子，我和柒就这样安静地坐在宽大的台阶上聊天谈理想，看着夕阳从围墙后面一点一点坠下去，像是要掉入不能回头的深渊。

学校里广播台播放的时间是四点五十，所以每次有了夕阳红，歌声也就跟着飘来了，记忆犹新的是动力火车的《当》，每次唱到"让我们红尘做伴，活得潇潇洒洒，策马奔腾共享人世繁华，对酒当歌唱出心中喜悦，轰轰烈烈把握青春年华"的时候，柒总

会跟着哼起来，她唱歌的样子滑稽而搞笑，但是每次听她唱这首歌时我怎么也笑不出来。

后来，时光像被抽打了无数遍的陀螺，飞速向着前方转去，我们开始坦然接受毕业的告别，但是突然到了那一天，又会恍然发现我们是有多么珍惜这段故事：一起上课，一起唱歌，一起吃饭，一起通宵唠嗑，这些美好的记忆似乎都要离我们而去，剩下的就只有隆重而严肃的告别。

这个闷热烦躁的六月，同样是一个要学会面对离别、面对失恋、面对未知的六月。我记得那天到来的时候，每个宿舍都在举行热闹的饯行仪式，几个女孩抢着酒瓶号啕大哭的模样，是那样令人绝望。已经喝下三瓶啤酒的我看着柒，她并没有将自己置身在吵闹声中，一直在默默地收拾行李。她把自己比作电视剧里孤独沉默的剑客，她的每一句话都如此深刻而富有故事性，她和我说："毕业之后我就去澳大利亚了，或许我们一辈子都见不到了吧。"

我看着她低着头，细碎的刘海遮住了她的眼睛，我不知道她是不是哭了，只是看见有水珠从她的腮旁滑下。我冲着她大笑，然后拍着胸脯，郑重其事地告诉她："那片岛屿是我踏入江湖之后，第一个要征服的，如果我征服了它，就把悉尼送给你。"然后我就开始哭，我一直相信着只要很大声地哭出来，心里的苦闷也就会消失不见。

　　第二天我和柒在炽热的阳光底下走出了校门,回头再去看这个进出了无数次的地方,才发现青春从这刻起永久地落幕了。我们在车站外尽情地拥抱,说再见,同样不断地重复着说后会有期,但是在各自转身的时候还是忍不住流眼泪。我从没有想过她会有一天隔着我这样遥远的距离,以至于我伸手去抓,却再也抓不住了。

　　但是生活不允许过分的悲伤,它催促着我向前看。时间久了,我只能活到忙碌里,我实现了自己大学时写作的梦想,其实就是躲在不足十平方米的地下室里写新闻稿。原来梦想的故事到最后都会变成如此残酷的困局,好不容易挣脱了束缚,却又掉进更为绝望的泥沼中。

　　越走越远,越生活下去越觉得从前的可贵。当这个六月来临的时候,突然想起远在澳大利亚的柒,然后我拿起手机打电话给她,听到"对方暂时无法接通"的时候,我想了很多,或许柒早就忘了远在北京还有一个为她牵肠挂肚的朋友吧? 或许这就是冷酷无情的告别,一切都变成了曾经。

　　我不敢幻想五年后的生活,或许某一天走在路上碰见了大学期间非常要好的朋友,也只剩下一个简单的微笑,每次习惯性地开电脑,习惯性地挂着聊天软件,只是再也不知道该和谁说说话,聊聊天。

　　之前大学里自己是文学社主编, 找到了那样一群志同道合的朋友，每天都在群里聊得热火朝天，每次登上聊天软件都有成百上千条消息。我不知道那时候自己是怎样坚持下来的，每次我都会一条一条地读下来，感受着这个世界所带给自己的美好和幸运，然后傻傻地笑。真的好怀念这样的时光，没有算计，没有包袱，只要努力地维持好这样的关系就好了。

我知道，人的一生到了某个阶段，彼此之间都要走到分叉路口，和很多人告别，同样和很多人相遇，生命里失去的东西和得到的东西永远都是等价的。

然而时光本身就走得很快，它没有回旋的余地，只有一直走在前面，有些东西总能经得起时光的甄选，留到了最后。记得大学刚刚毕业的那一年，刚好十月份赶上了自己的生日，这个十月是灰暗的，没有工作，没有目标，感觉整个人生都被蒙上了一层阴影。那一天第一个为自己送来祝福的并不是爸妈，也不是男朋友，令人惊讶的是许久不联系的柒。那时候我看着她的电话一阵发愣，然后轻轻地按下接听键，听到了那边十二点钟依旧清醒的声音，眼泪就不自觉地在眼眶里旋转。我记得那一天我们聊了很多，从事业聊到了从前，从爱情聊到了孩子，直到她挂掉了电话。我躲在被子里偷偷地掉眼泪，只有在这些时候才能真切地感受到，时间和距离在友情面前并不是那么重要，生活的苦恼和难堪也都不过是朋友一句安慰的话就能烟消云散的小事。

有些人站在大洋的彼岸，你依旧觉得他就在你身边，而有些

人一直在你身边，却感到翻山越岭都无法接近，这就是我们一直
追求又一直失望的感情啊。

　　所以我还是鼓起了勇气，坦然接受这社会所带给自己的好
与坏，相遇和离别，只是我还想再见见柒啊，尽管我知道这只是
自己渺小的愿望而已。但是没想到，前阵子终于因为要出差考察
国外的风土人情，阴差阳错地来到了澳大利亚。和柒重逢的时
候，悉尼正下着大雨，她撑着伞朝我走来，表现出职场上应该有
的干练和理性。而我却依旧穿着大学里的卡通服，心脏以一秒钟
五百下的频率疯狂地跳动，直到她走近我身边的时候，我才清楚
地看见她的眼睛里是一种久违的闪亮的光芒，像从前一样。

　　我和她不说话，就这样在一把透明雨伞所撑起的狭小空间
里相互沉默着，雨声淹没了车流，而我却感到多年之后依旧有那
种让人动容的情绪，心的温度，咫尺可触。

　　"我听说，世间所有的相遇都是久别重逢。"我打破了沉默，
然后毫无顾忌地大笑。

　　尽管我们所经历的人生被切割分散成无数的片段，在某些
特定的片段中会莫名其妙地和一些人关系很好，和一些人关系
疏远。那些再也无法维系的感情或许某一天就突然断了，再也找
不回来了。这时候，你不必沮丧和难过，要知道，最后留下来的一
定是从一开始就很好的朋友。

　　失恋的时候，被领导训斥的时候，梦想破灭的时候，只要打

开手机, 想向他毫无顾忌地倾诉这段时间所有不顺心之事的那个人,一定是原本就很好的朋友。

别忘了当初我们什么都没有,房子没有,车子没有,甚至打车出门的十块钱都没有。几个人一起窝在宿舍里,一起嗑瓜子吃泡面,一起写小说吹牛,一起讨论某某院系的帅哥,那时候,我们很傻气很天真,却也很真实很开心啊。

在悉尼住下的这几天,和柒形影不离,也从她的口中知道了她现在的生活。她在这里一家很大的公司上班,有着年薪百万的工作,而我只不过是一个小报社的小编辑,拿着每月两千的工资,却干着又脏又累的活,但是这些并不能成为阻碍两个人感情的壁垒,我想这就足够了。

临走的时候,她把我送到了飞机场,这一次告别又要很长很长时间才能再见。但是这一次,我和柒都没有哭,登机的时候,我朝她挥手,她看着我然后也开始挥手,两个人隔得越来越远,但是心却一直有段适中的距离,这就是友情。

其实我还想告诉她,电视剧里孤独的剑客,一生所信仰的东西不仅仅只有手中的刀剑,还有在寂寥的岁月里,那一双温柔的期盼的眼睛。

你看,这个糟糕透顶又无限憧憬的世界,它没有什么前生,也没有什么来世,所以这世间隆重而严肃的道别,都是为了江湖再见。

致生命中那个微笑倾城的好姑娘

素怀铅

　　岁月总是在无情与多情中徘徊不定，人们永远也留不住手中的沙，但是却又可以摘下春日里开得最盛的那朵花。也许我们不能选择命运，但是我们可以选择以怎样的方式面对它。

　　我的大学生活是在一个并不发达的三线城市开始的。由于高中的时候太过向往潇洒和自由，希望摆脱所有人眼中最正常的人生发展轨迹，我生生地将父母创造的良好条件忽视掉，最后来到了这个山清水秀的自然之地。然后，我遇到了这些与我一样任性的姑娘们。

　　大一开学的那天，虽是夏末，但还是很热。我拖着大包小包的行李下了长途车，抬头眯眼看看挂在天上的明晃晃的太阳，深深地叹了口气。父亲并没有来送我，按他的话说，这么大的人了，理应学会独立了。好吧，实际上我是带着些怨念的，毕竟别人的父母都来送了啊。

　　"接新生的校车到了。"同行的人群里不知是谁喊了一声。几乎是瞬间所有人都改变了三三两两聚在一起的状态向还未停稳的校车涌去。我看到前面黑压压的人头,很认命地抹了把头上被热浪烘出来的汗,然后拖着行李哼哧哼哧地挤到人群里去。

"需不需要帮忙?"是一个姑娘。

我闻声回头,她正笑盈盈地看着我。

"发什么愣,快些上车,不然还要等下一班,你不嫌热啊。"说话间,她已接过我手中拎着的箱子麻利地上了车。姑娘很漂亮,尤其是她笑的时候。

车上已经没有位子了,车厢里拥挤得如同沙丁鱼罐头一般,我们只得倚着扶手缩在一旁,尽量与他人拉开些距离,好透口气。城市落后了些,路不太好,车止不住地颠簸,车里的人也歪歪倒倒。由于车厢通风太差,汗味和汽油味熏得人昏昏沉沉。

"你是新生吗? 怎么没带行李?"我看着她只背着个书包,神情轻松的样子,十分好奇。

"是啊,不过我昨天就到啦,来的时候和你一样,大包小包的,只是还好,昨天不是正式报到的时间,人比较少。"姑娘一只耳朵上挂着耳机,清闲惬意的模样好像挤在车里是一件很享受的事。

"那你家里人有来送吗?"看着她明媚的样子,我不禁想和她多说几句话。

"我爸不放心,要来送我,但是我没同意。"她向旁边靠了靠,把箱子抵住然后抽出手来理了理额边汗湿的头发,接着说道,"再说,一个人多自由。"我点点头:"也是。"

　　她有心事，虽然她和我说话时一直在笑，但是说到她父亲时，眼神暗了一下。我觉得我仿佛问了什么不该问的，遂不再说话。

　　学校并不远，二十多分钟的车程，因为我要去办入学手续，所以与那姑娘道了声谢就分手了。世间的许多事总是那样说不清道不明，虽然我不曾相信缘分，但巧合确实就这样发生了。在学校的宿舍，我又遇见了她。这回她成了我的室友。相见时的氛围总是那样宁谧与美好，我敲门，她开门。再后来，我们自然而然地成为好友。她叫我"野猫子"，我叫她"笑面虎"。

　　原来她的性格不像我们初次见面时我所设想的那般活泼开朗。她爱笑，但是爱笑的女孩子并不一定外向，她很安静。我经常会发现她望着窗子发呆，她的书里总是夹着许多记录心情的小卡片，她的文笔很好，写出的文字也很美，但是又会在不经意中流露出一丝丝她微笑背后的心事。我不知道她心里到底存了多少事情，但总觉得如果是我，微笑将是奢侈。

　　都说没有经历过分歧争吵过的友情不算是真正的友情，因为每个人都会有不同的性格，他们不会像榫卯一样一定会相互契合。其实我与她的矛盾也许在很久之前就埋下了，只是在这一天爆发了而已。

　　若是说错在谁，我不得不承认，还是因为我对她所隐藏的世界有太多遐想。"笑面虎"的性子很好，或许是她待人接物总是含着盈盈笑意，所以班上的许多人都与她的关系十分融洽。不过大概也是因为这样,因此很少人知道她真正的脾气,而我就是错估了她脾气的其中一个。直到许多年后,她才告诉我,不了解她脾性的人我不是第一个,但是让她最生气的却是第一个。因为我不相信她。

她在大学里的成绩一直很好,但是不知道什么时候开始,她与我在一起的次数越来越少,经常一个人不知去向,甚至旷课,有时就算来上课也是趴到桌子上就睡着了。刚开始我以为她的确有什么要紧的事,因此时而帮她打打掩护。只是这样的情况越发频繁,有时她还会彻夜不归。后来我开始听到流言,说她不知自重。我虽不相信,但又找不到什么理由为她辩驳。如今想来,当时我必定也是怀疑了吧,否则不会说出那番话。

那日,很难得她抱着一摞书说要与我一起上自习,我见她眼圈上有因为没休息好而生出的乌青,又不禁联想到最近的流言,忽然就说出没有经过脑子思考的话:"女孩子要自重,尤其你还是一个大学生。"我还记得她当时的反应,她先是愣了一下,然后问了我一句:"你说什么?"是个陈述句,显然,她知道我说的话是什么意思。

然而还没等我再说下去,她就把手中的那摞书全数砸在了我身上:"苏子墨,你太过分了!"说罢,转身而去。

苏子墨,这是我们相处这么长时间以来她第二次叫我全名。第一次是在我们正式认识时,我说我叫苏子墨。她说苏子墨,你名字真好听。

她很生气，而我却因此有了深深的负罪感。我误会她了，从她定定地看着我毫不躲闪的眼神和在她泛红眼眶里打转而始终也不曾滴落的倔强泪水来看，我的确是误会了。而事实则再度证明了我错得有多离谱。

我是在她走后才无意得知的真相。我知道我的话一定深深伤到了她。看着地上散乱的书，我默默蹲下身将它们一本一本地摞起来。忽然，从书里飘下一张纸，上面是她隽秀的字迹，她确实是一个有才情的姑娘。

纸上的字并不多，只是短短的一小段，但是所有的怀疑都足够被这段话泯去。她写道："人要活得好，路不会只有一条。但是早在我第一次高考失利选择复读时，我就只能沿着这一条路一直走下去。我不能再让父母失望。人生有了遗憾就需要更好的成果来填补。只是父母头发已白，我也不再是孩子，再难为了自己而向他们伸手，我必须学会自己养活自己。如今我在校外找了个工作，虽是夜班，会累些，但包吃住，也算是自食其力了。"

原来她高考失利过，所以她一直因为这个失败而自我谴责，认为自己是个负担。我不知道她是怎样将负罪感一层一层累积起来的，最后又是怎样将所有情绪掩在内心深处成为一个爱笑的姑娘。我只知道，她的微笑已经成为她掩饰悲伤的习惯，就像她曾经对我说的那句话："微笑不一定就意味着开心，它也可能是内心抑郁的掩饰，有时越是伤心，就越要笑，只有那样才会让自己觉得世界还是美好的,至少你微笑待人,别人也会微笑对你。"

如今已经过去多年,她早已事业有成。我们之间的不快也早在庆祝她考上硕士研究生的那次聚会中解释清楚了,那次她一反安静的常态,逮着我一个劲地灌酒。后来,我们都喝多了,她揪着我的衣领说:"苏子墨,你知道吗,那一次我真的很想捏死你。"

那是她第三次喊我苏子墨。我闻言摇摇晃晃站起身把她的手挥开:"我知道,我当时说完就想扇我自己几巴掌。"不过还好,你还愿意对我笑。

世界上最让人伤心的不是陌生人的无故诋毁,而是相熟相知的人明明知道你不可能如此行事但仍然会对你产生怀疑。

忽然想起那日我向她解释的情景,她原是背对着我的,我就那样站在她身后犹豫不知如何开口。我们一直在沉默,尴尬的氛围逐渐蔓延,就在我放弃解释准备转身时,她已转身伸手拦住了我笑道:"当初牙尖嘴利的野猫何时变得这么胆小,我都不认识了。"她的微笑还是像第一次见到时那般明媚。

不知是何时,我变得和她一样,爱上了微笑。不管那天我的情绪是有多糟糕,或者是遇上多么令人伤心的事,我总会笑一笑。有时候,微笑就像是在照镜子,你对着镜子里的人微笑,镜子里的人也会对着你微笑,当你收获到别人的善意时,心里是否也觉得暖融融的呢?

那些爱笑的好姑娘们,我希望你们的微笑是发自内心,自然而然的。也许你们的心中藏有苦楚，也许你们只是习惯用微笑来向所有人表示你们活得很好，不愿让那些轻视你们的人看笑话。但是我还是不愿意让微笑成为你们的伪装，那样的生活太沉重，不适合倾城的你们。微笑是情绪的自由，并不是心事的捆绑，你们用微笑迎接未来的所有美好，未来必会给予你们相应的回礼。

　　生活没有那么沉重，只要你学会微笑。

感谢你陪我走过的温暖岁月

莫米米

我们的生命中总会有这么个朋友,无论我们身陷囹圄还是站在成功的金字塔,他们总是会风雨相伴不离不弃。拥有这样一个朋友是我们的幸福也是我们的幸运,所以,珍惜那些陪着我们一路相伴的朋友吧。

如果不是遇到这样一个她,我是无法想象现在的自己是否能这样泰然生活。

在还是充满幻想的花样年龄,她,就这样毫无预兆地出现在我的生活中,至此我被她散发的光芒致命吸引无法移开视线。我仍然记得那年初夏,微风中夹杂着些许温热,我们一群女孩坐在教室里叽叽喳喳地讨论着哪个团体横空出世唱了哪些好听的歌曲,校门前的小摊又出了几款新口味的冰激凌,哪个女生和那个男生走得近……我懒懒地趴在桌子上,安静地听着那些八卦,眯着眼睛想着放学后一定去品尝新口味的冰激凌,在我还来不及反应的时候,看到了跟着班主任走进来的那个瘦瘦的白色身影。通过老师的介绍,得知是转校生。我瞟了眼那个一头长发安静站着的女孩,瞬间被她的眼睛吸引了,那眸里闪烁的熠熠光辉,璀璨，明亮。

这个时候我还不知道，之后的我们会牵扯至深，我会成为那个看着她一步步艰难地朝着自己的梦想迈步被感动并陪伴的人。

接下来的日子，和以往并没有太大的区别，无非就是每天机械的地学习，一起聊天，一起放学回家，吃着买来的各种小吃，讨论感兴趣的无聊八卦。只是这些，我的新同桌——那个新来的女孩却从不参与。她偶尔目光淡淡地望着我们，偶尔拿着笔，不停地在一个厚重的笔记本上写写画画，我无意瞥过去的眼光，模糊看到一些断断续续的文字。

在好奇心的驱使下我开始偷偷关注她。知道她最喜欢语文和历史，知道她有着自己的秘密，终究是我没忍住先打破我们之间的屏障主动进入她的世界，我们开始了漫长的同窗亲密时间，一起吃零食，一起做作业，一起看书……

她深入骨髓地喜欢着文学，喜欢那些或温婉或凉薄的文字，她唯一的愿望就是用自己的笔写出自己喜欢的时光静好，沧海桑田。现在我依然记得她对我说这句话的时候那双璀璨的眸，有着期望，有着果决，有着我无法理解的坚定。在我们还停留在怎么应对考试的日子里时，她已经有了自己坚定不移的目标，并为之努力。那一刻是震撼的，我从来都是碌碌无为，过着慵懒的学习日子，没有期望过未来，从未思考过自己的以后，只是觉得一切总会水到渠成。

　　时间如流水般滑过,我陪她泡图书馆,陪她浏览各种书籍,陪她写那些柔情万丈的文字, 她在纸上展现那一幅幅文字图画时我也因为她的努力而努力,想着虽没有清晰的目标,和她一起奋斗的感觉我很喜欢。这样的日子在我们共进退中悄然而过,眼看着她的第一部小说终于在日夜兼程中完结,我迫不及待地阅读,看着里面的一字一句,脑海里闪现她坚持不懈的样子,眼泪终是忍不住落下。牺牲掉的所有的课余时间,每日不停地写写改改,深夜坐在书桌前奋笔疾书,她以往的努力一幕幕犹如影像在我眼前接连划过。

　　回忆起她的日渐消瘦,我也曾不忍,当她定定地看着,手轻轻地摩娑着那个时刻陪伴她的厚厚的笔记本,说她不想以后的某一天后悔自己因为某些不确定放弃了追求梦想的机会时,我所能做只有紧紧握着那双纤细的手,传递仅有的力量。

　　小说完结之后的一个星期, 我们花掉所有的零花钱买来所有杂志,抄录上面投稿的地址,一遍遍对比、核对、删除。最终选择一家看起来靠谱而且符合文体的杂志社寄过去,直到我们把厚厚的信封投进邮箱,才重重舒了一口气,彼此望着,开怀大笑。接下来等待的忐忑不安的日子里,她一直充满着期望和无措。终于,在临近高考的前夕等到了回音,然而等来的消息却是杂志社编辑认为她的文字过于青涩,暂不录用。得知消息的那几日她总是无精打采而我因考试的关系无暇顾及,心里替她着急。家庭原因高考结束后一直没有机会见面，只能趁着到学校填写志愿才得以见面，没想到她已经恢复如初。

她笑着说："有你陪着，我不怕失败。"

她说这话的时候依旧笑颜晏晏，没有了刚被退稿时的忧伤和难过，我望着这个阳光下动人的女孩，嘴角扬起。我何其有幸，在这个大千世界遇到一个如此的你！

后来我踩着"高压线"考入大学，而她因为发挥失常未能进入心仪的学校，至此我们断了联系。大学的日子里我从未忘记这个女孩，总想着她现在在何方又在做什么，是否依然为了那个书写的梦想而努力，每次看着灰暗着的 QQ 头像，心里莫名忧伤。能做的只是每日不停歇地留言，鼓励，支持。想着我们一起走过的绚烂岁月，想着我们一起拼搏的时光，总还是放不下那个为了梦想让我心疼的女孩。

直到我大三开学突然收到来自于她的邮件，告诉我她所在的地方以及她的联系方式，我急不可耐地拨通那串号码，终于在两年之后我们又重新联系，听着电话那头她依旧乐观的声音和灿烂的笑声，我知道，她还是以前的那个她，无论经过多少风雨，无论我们相隔多远。

聊了许久才挂断电话，我们约好有时间出来见面。嘴角一直轻扬着，这是我这两年来最快乐的时刻。

她的到来比我预想得快了许多，还是夏初微热的时候，她带着一身的风尘来到我的面前,明媚的笑脸,有些黝黑的皮肤,最大的变化是那一头飘逸的长发换为干练的短发,我看着站在我面前的她,眼睛有些湿润,几年的时间,她已经褪去高中初见的青涩,更加成熟美好。

我带着她像高中时那样酣畅淋漓地吃遍所有小吃,揉着圆鼓发胀的肚子,坐在校园操场的阶梯上,喝着啤酒聊着这几年的境遇,追问着她这几年的行踪。

她晃动手中的啤酒,沉默许久才慢慢开口。

原来那年毕业了,她的分数没有过线,她想复读,而家里的意思是让她选择一个容易就业的职高,她不想放弃自己的梦想,和家里争取无果的情况下,自己决然坐火车去往那个向往的陌生城市。我记得高中的时候她说过,如果考大学一定要选择那座城市 B 大的文学系。

那个时候的她,初来这个偌大的陌生城市,没有安身之所,没有家人朋友,有的只是足以支撑她的那个梦想。从最初的迷茫无助到下定决心,她开始了一个人的漂泊。历尽辛苦找到一份工作,每天做着最累的事情拿着最低的工资。她说那个时候最大的开销就是从书店搬回的一摞又一摞的书籍,每天除了工作就是不停地看书,半年后逐渐适应了新的环境,她却又毅然决然地辞掉熟悉的工作离开熟悉的环境,带着自己存下来的钱和那些书终于来到 B 大附近租了一个小房子,希望找到去 B 大听课的机会。

所幸皇天不负有心人,在 B 大打工的人可以获得旁听的机会,得到这个消息让她兴奋了许久,奋力进入 B 大做杂工,这样每天除了看书之外,旁听也让她吸收了不少自己无法理解的知识和技巧。半年之后她又开始执笔写作,这次她写得缓慢用心,没有了高中时的懵懂青涩,多了些自己的风格见解。

我仰起头坐在旁边安然地听着她的这些经历,时间的磨砺,使她褪去懵懂无知,增添更坚忍的意志,抓着那个梦想不屈服于现实,然后一步一步艰辛地走下来。

我转头问她,是否想过放弃,这么辛苦是否后悔过。

她笑了笑,在那些没有依靠的日子,担心过,害怕过,却从未有过后悔。

我握着她的手,询问现况。

她开心地说,因为自己的努力,之前写的稿子被一家杂志社看中,得以录用,而自己现在是那家杂志社的编辑以及写手。工资虽然不高,但是因为是自己喜欢的,她欣喜异常,一边工作一边继续自己的写作。

我知道她这些年的辛苦并不是三言两语能够带过的,我只能紧紧地握着她的手,像以前一样,这样似乎可以把我的力量传递给她,她一扫之前的难过,笑望着我:"我说过,我不会轻易放弃,看,我现在终于走过了最辛苦的荆棘之路,而你,依旧在我身边。"

我们开始了频繁的联系,她写的每一篇文字,每一个故事我都收集着,她的每个作品总是我第一个欣赏,我以为会这样一直下去,直到她披荆斩棘迎来作品结集出版的光明。

她已经开始着手写一篇小说,我读着开头就知道,这次,她一定能成功,只是没想到,中途她却突然辞职。

她说自己开始文思枯竭,也许是因为写作技巧日渐成熟,也许是内心过于平静,也许是她这些年过于紧迫。早前带她的编辑建议四处走走,开阔视野和心胸,让心沉淀下来,再重新出发。几经考量之后她决定辞职,去体验更多的风土民情。之后的半年,我们偶尔联络,我倾听她途经的故事,欣赏她看过的美丽风景,分享我们曾经以及现在的生活。

再次相见,是在她的新书签售会上,我接到消息赶过去,她的短发已变为我们初见时的长发,只是那双初见时吸引我的眼眸透过岁月留下的痕迹依旧透出明亮。

签售会上她面对所有人说:"我感谢陪我一路走来的女孩,在我有生之年很庆幸与她相识相知,那么大的世界,我们相遇,彼此鼓励、支持,才有今天的我!"她说完看向我,我们相对微笑,仿佛回到了最初的时光。

我想,生命给予我们的除了阳光明媚之外还有阴雨连绵。梦想是我们勇于前行的目标,而身边的你却是不可或缺的重要角色,因为有陪伴我们无论在什么样的天气下都依旧坚信当初的信念，我们披荆斩棘，翻山越岭，最终到达我们想去的顶峰，俯瞰曾经以为的遥不可及。

　　未来那么长，但只要有你在身边，我就可以，无所顾忌，所向披靡。

相见亦无事,别后常思君

沈定山

到后来,我才发现,其实 S 先生的那种美好,是我一生都无法掌控的。恰如蜜蜂之于花朵,无论如何倾慕,终究不会有结局。

我跟 S 先生是朋友。过去是朋友,现在是朋友,以后应该还是朋友。当然,也只是朋友。

其实决定写他的时候我纠结了许久,最终还是把我俩的关系定义成朋友。这种朋友甚至连那种亲密挚友都算不上——因为我俩平时几乎不联系,放假也很少约出来见面。之所以能够算得上是朋友,似乎也只是因为我们曾经是同学,而且上学的时候也能说上几句话。

情人节那天,我一个人去 KTV 唱歌。其实我并不爱唱歌,只是那天在街上出现的基本都是成双成对的,我总觉得自己形单影只地跟他们一起凑热闹有点别扭,所以思来想去,只有 KTV 最适合一个人来。

到了 KTV,我没有唱歌,只是拍了一张包厢内景的照片,在朋友圈发了一个动态:我在 KTV。没过多久,S 先生在微信上联系我。

"在哪儿唱歌呢?"他问我。他说这话的口气和当年没有一点变化。但其实,在此之前,我们已经有接近三年的时间没有见过面,并且这三年的时间里我们俩也很少有联系。这三年里,我经常在想和他再次见面的场景, 每次我都觉得我们会变得非常陌生。但他的口气却让我有些坦然——即便三年不见,我和他仍旧还是老样子。

这让我觉得心安。

其实跟S先生的见面纯属巧合。前几天,他车上的后视镜在小区里被别人家的车撞坏了,所以出来修车。在等待的空档里,他碰巧看到了我发的动态,于是就联系了我。

"嘿。"他推门进来的时候,我险些没认出他来。

在我的印象中,他应该是那种一头短发,穿校服的干净男生模样,而再见到他时,已经不能再从他身上找到一丁点当年的痕迹。那天他穿卡其色外套,梳着大背头,经过我身边的时候可以闻到他身上的烟草味道。

他坐在我旁边,微微抬了抬脚,露出一脸的笑。他笑的时候眼睛眯成一条线,嘴角也会大大地咧开,露出两颗虎牙。"前几天回老家,把鞋抹得不像样子,你别介意哈。"他说这话时,我的目光正好透过他外套上的风帽落在他的脖子上。有一刹那的失神——似乎他只是换了一个着装风格,但他骨子里还是高中时期那个可以跟我不咸不淡地说上几句话的人。

那天,S 先生似乎特别开心。寒暄几句,他就开始点歌。唱《董小姐》,唱《杀死那个石家庄人》。在每首歌开始之前,他都会把话筒递给我,问我要不要一起唱。但每次的结果都是他唱,我听。因为他点的这些歌,我几乎一首都没有听过。那一刻我突然意识到时间的强大——只不过是三年时光,再遇见的时候我竟和 S 先生再难找到交集。

毕竟我一直觉得,我和他曾经还是有一些共同语言的。

也许是因为一个人唱歌没意思,S 先生唱了几首就停了。于是我们俩就在 KTV 的包厢里有一搭没一搭地讲着话。他说他追到了喜欢了很多年的女生,但那个女生似乎并没有认真对待他们的感情。他还说,他厌倦了这种一直迁就对方的关系。

说实话,得知他和那个女生的感情不太顺利的时候,我心里微微松了口气。其实我从高中的时候就知道他喜欢这个女生。那个时候,他经常会把这个女生挂在嘴边,以至于在很长一段时间里他和我的聊天都是以这个女生开头的。

时隔多年,再次碰头的时候,他换了着装风格,人也显得成熟了许多,但是一成不变的是他对那个女生的感情,一如既往,甚至历久弥新。

那天,他跟我抱怨对方的冷漠,抱怨自己的无可奈何。一直到离开,他都在跟我抱怨这段感情。而我能做的,也就是坐在一旁听，再时不时地劝他："也许磨合一段时间就好了。"

但其实，我知道已经没有挽留的余地了。因为他也曾放弃过这个女生，但从未像这般心灰意懒过。

洞悉到这一点的时候，我有一点点庆幸。

当天晚上，S先生给我发来消息："明天出来打牌怎么样？"因为约了朋友一起看电影，所以我告诉他我去不了。过了一会儿，他打电话过来："都认识这么久了，找你出来一次都不肯赏脸吗？"拗不过他，我抛下了之前约好一起看电影的朋友，出来和他打牌。

那天他玩得很开心，丝毫看不出他正在为自己的感情而苦恼。有时我出错了牌，他甚至还会拿我打趣："你说你是不是傻？"但这种开心，也不过是他粉饰在眉眼间的海晏河清。

散了之后，S先生约了几个人出去吃饭。大概到了晚上十点，他突然打来电话跟我说他在喝酒。

"你过来，真的，我特想跟你聊聊。"他在电话里这么说。

我到的时候已经快十一点了，饭店关门了，他就坐在路边的台阶上。他仍旧穿那件卡其色外套，也许是穿得久了，借着路灯昏暗的光亮，我隐约可以看到他衣服上的油渍。那是一种沉闷的暗色，像是凝结在他外套上的封印，里面包藏的全是他的不甘与难过。

早春的风里还带着浓浓的寒意，他的身影显得尤为颀长。

我看见他瘦削的脸,像是刀刻一般棱角鲜明,皮肤白得像是一匹绷在绣架上的上好丝绸,像玉一般温润光泽,也透出忧伤的气息。

"你不知道我多喜欢她。"这是他见到我时说的第一句话。那天晚上他说了很多很多的话,我记得的也就只有这一句。夜里的街道已经空旷得不行,我就挨着他坐在路边的台阶上,一边听他碎碎念叨自己感情的失败,一边看路口的红绿灯不断地跳转颜色。

其实人跟红绿灯一样,每一分每一秒都在变化。唯一的不同在于:红绿灯知道下一秒的自己是什么颜色,而我们却永远都不可能知道下一秒的我们会是怎样。就像S先生一样,当年的他不知道自己能否追到这个女生,如今的他不知道自己能否和这个女生继续。关于未来的一切,他都无从得知,我也一样。对于我们来说,未来太过深邃难测,也太过动荡不安。我们无法确定自己下一秒会遇见什么,会发生什么。但也正因为未来具有这种不确定性,所以才值得向往。当下我们做的每一个看似微不足道的决定,都有可能在未知的未来给我们的生活带来翻天覆地的变化,只是如今的我们,站在人生的十字路口,只觉眼前风云千樯,忽视了选择的方向。

但是不管怎样,时间的洪流都会将我们推往未来。在抵达未来的过程中,我们会得到,会失去,但究其本质,这些林林总总的一切，都不过是我们生命中的一段经历而已。

　　也正因如此，我一直觉得我们无须为了过去的事情而忧心伤神。那些我们得到的、失去的、失而复得的、难以触及的一切，都只不过是记忆里的一种印证，无法带走，也无法抹去。很多时候我也在想，会不会自己太过孤僻——我从不试图挽留任何人，也从不期待遇见任何人。在我看来，人的一生总是要经历孤独的。也许你会觉得难以忍受，但因为人思维的独立性，所以你我注定都要忍受孤独。

　　但我知道，我的想法无法与 S 先生共享。我生性孤僻，不爱与人交流。而且我也担心我的这种想法会让他感到更加沮丧。时间总归会磨平一切，不管今日的他有千种不甘，假以时日，这些生长于他心中的芥蒂都会被磨平。

　　所以我只要陪他坐着，听他倾诉，让他觉得不那么压抑就好。

　　其实情人节那天我和 S 先生唱了一首歌。离开之前，他拉着我非要一起唱一首，但找了很久都没找到我们俩都喜欢的歌。突然，他点了一首歌，高兴地说："这首歌以前上学时就一起听过，你肯定会唱。"

　　那是我唯一一次和 S 先生一起唱歌。而那首歌的名字叫作《好心分手》。

　　我曾一度幻想过跟他一同做各种各样的事情：比如一起看电影，一起吃饭，一起逛街，一起唱歌。但我从没想过要把这一切幻想都落实成现实。在我看来,我和他这种富有疏离感的关系更为稳定,而且以我的性格,即便尝试着将这一切都落实,也一定会很无趣。所谓"相见亦无事,别后常思君"大抵就是这么一种状态吧。

但我从来都没有想过,我和他一起唱的,会是这样的一首歌。

当唱到那句"若注定有一点苦楚,不如自己亲手割破"时,我有一点哽咽。我知道他并没有其他意思。他只是单纯地认为:一起出来唱歌,总要唱点才对得起这次聚会。但他永远不会知道,其实我从上学的时候就一直喜欢他;就像我永远不会知道,他有多喜欢那个女生一样。

第四章

总有一次流泪，让我们瞬间成长

在成长的过程中，我们总会遇到这样那样的无奈。痛过之后，才是青春；哭过之后，才会成长。但无论如何，都不能失去对未来的勇气和信心。谁不是一边流泪，一边坚强？

总有一次流泪,让我们瞬间成长

沐小朵

从鲜衣怒马的少年时代到千帆过尽之后的成熟笃定,总有那么一件事,让我们褪去青涩,瞬间成长。而长大后的我们,也终于能够笑看那些云烟过往。

时隔四年再次见到小绍,我竟然快认不出她了。

曾经的大波浪卷变成了如今清清爽爽的披肩直发,不再化大浓妆,素面朝天,指甲也修剪得干干净净。

如果不是她先喊出了我的名字,我恐怕会迷失在北京站的人潮之中。

看着她这个"清汤挂面"的造型,我禁不住调侃道:"额滴神哪,这些年在你身上究竟发生了什么,让你一个小太妹改邪归正了?"

小绍伸手拍了一下我的头:"行了,你就别贫了,到了我住的地儿咱慢慢聊!"

"这么多年了,你手劲儿倒是一点儿没减。"我吃痛,咧着嘴拨开了她的手。

小绍笑而不语,顺势接过我手中的行李箱,带着我转了两趟地铁,总算到了她的住处,位于五道口附近的一个偏僻小区。不到四十平方米的狭小居室,在小绍的悉心装扮下,竟然也变得有了生机和趣味。

我仔细端详起这间小房间,墙纸显然是精心挑选过的,书桌收拾得整整齐齐,床头上贴着几幅小绍自己画的人物简笔画。房间里的一切都是那么整洁有序,看起来特别舒服。我惊讶于眼前的一切,更佩服小绍这些年的变化。要知道,高中时那个张牙舞爪的女孩子可是连班级值日都会以各种理由逃掉的骄傲的小公主。

"家里也没什么吃的,你先凑合着垫补一下,晚上姐带你去吃好的!"小绍端来一碗煮方便面,歉意地笑着。

我急忙接过,笑着回答:"没事儿,正好我也饿了。"

面氤氲着腾腾热气,小绍还特意加了一个荷包蛋,我没有一丝停歇,狼吞虎咽地吃了个精光。

之后我和小绍并排躺在床上休息,聊起了曾经的一些过往。

高中时候的小绍是个明艳动人的女孩,在一群几乎全是迫于成绩的压力变得死气沉沉的土包子当中,只有她活得那么自由张扬。

我和小绍的相识颇有戏剧性。高二的时候,我因为肚子不舒服破天荒地迟到了,又不敢打电话告诉班主任,只能眼巴巴地对着紧闭的校门望眼欲穿。就在我一个人盯着冷冰冰的铁门急得眼泪在眼眶里打转的时候，小绍出现了。

她给年级主任打了一个电话，简单的几句交谈之后年级主任就风风火火地过来领人了，然后她特仗义地要求把我也带进去。后来我才知道，年级主任正是小绍的爸爸。

那一刻，我觉得小绍就像是踩着七彩祥云从天而降,特地过来拯救我的盖世英雄,唯一美中不足的是,她是位女英雄。

那天后，我依旧过着按部就班的生活，早早地去学校晨读，课间安静地待在教室里做题，下了晚自习独自一个人回家，日子过得波澜不惊。不知怎的，我特别想在校园里偶遇小绍，向她郑重地说一句那天因为慌张没来得及说出口的"谢谢"，尽管那时我并不知道她的名字。只不过在接下来的一年里，我都一直没有如愿。

直到高三学校按照成绩划分了优等班和普通班之后，在开学报到的第一天我竟然在文科实验班里见到了顶着一头酒红色波浪卷的小绍，我的惊讶程度不亚于看到中国队打进世界杯。

小绍也看到了我,笑嘻嘻地过来跟我打招呼:"嘿,校门口那个小哭包是吧？"

见我脸上写满了不可思议，她继而解释道:"你别一副见到鬼的表情。姐可是自己考进的实验班,跟老头儿没半点儿关系。"

后来我才知道，小绍虽然打扮时髦，活得明媚张扬，看起来一副对成绩毫不关心的样子,实际上她上课非常认真,课间也总是抱着习题册演算。

在校规明令禁止烫发染发的压力下,在几乎全是清一色的马尾或齐耳短发的班级里,小绍头上那一抹艳丽的红色,成了一道最亮丽的风景线。

班主任为了她的头发也是操碎了心,担心她过于在意外表而影响了学习,一次次地规劝她把头发拉直染回正常颜色,她都是左耳进右耳出。后来被逼急了,她突发奇想去买了顶帽子,上课也戴着。

当时我特别羡慕小绍这种女孩,她可以随心所欲地表达自己的想法,而彼时的我,想要一个 MP3 听歌缓解压力,都不敢向父母开口。

高考时小绍发挥得出奇的好,报了江西的一所 211 学校;而因为巨大的心理压力发挥失常的我,被调剂到了湖南的一所二本工科学校,读了一个跟自己最不擅长的数学打交道的专业。

尽管我们两个人的学校只有一个多小时的高铁的距离,进了大学后的我们,却没有再见过面。而我放假回家的时候,她也总是待在南昌的姑姑家。

最开始的时候我们还能在微信里偶尔寒暄,后来就渐渐失去了她的消息。与此同时,她关掉了空间和朋友圈,我甚至寻不到关于她的蛛丝马迹,她就好像人间蒸发了一般。

我不知道失去联系的三年里她发生了什么,竟然让当时那么明媚张扬的女孩子变成了如今人淡如菊的模样。

回忆到这里戛然而止。我挪了挪被自己的头枕得发酸的胳膊,转过身来问小绍:"所以后来你发生了什么,那会儿都不见你发动态了。"

小绍说,当时刚进入大学的她,突然摆脱了各种条条框框的束缚,隐藏在心底的野性因子猛地爆发了出来。她逃掉了大部分的课,整日游戏,晚上跟一群狐朋狗友在酒吧里狂欢,沉浸在城市的灯红酒绿中无法自拔。

那段时间她的身边有很多人,她看起来过得很潇洒,可是浮华散尽之后,迎来的却是巨大的空虚感。她感觉迷失了自己,麻痹了神经,丢掉了曾经的梦想,甚至忘记了自己真正想要的是什么。

大三的时候,她的辅导员找到了她,恨铁不成钢地对她说:"阮小绍,你知不知道你已经有九门课不及格了,再这样下去你是拿不到毕业证的。你有没有想过你的爸妈,他们辛辛苦苦送你来学校是让你游戏人间的吗?"

辅导员的一席话像一个巨大的巴掌,狠狠地打在了小绍的脸上。那天晚上在宿舍里她想了很多很多,想到了以前那个虽然总是一副无所谓的样子却有目标有追求的自己,想到了对自己寄予最大希望的父母家人,想到了曾经埋在心底的要成为高级会计师的梦想。

之后，小绍剪短了快齐腰的大波浪长发，并且染成了黑色。用她的话说，就是"改变，要从头开始"。

她不再沉迷于花花世界，断了与以前那些酒肉朋友的联系，关掉了一切社交软件，只是为了给自己营造一个专心备考的环境。终于，她在大三的尾巴上拿到了助理会计师证书，并且在毕业前就拿到了审计公司的 Offer。

听了小绍的一席话，我才发现，原来一个人的性子也可以发生如此大的改变。以前的小绍，追求一些华而不实的东西，只是为了自己活得光鲜亮丽；而现在的小绍，懂得了自己肩上的责任和重量，知道了人不光为自己而活。如此一来，便是成长。尽管小绍的成长，跨越了四年的时间，作为朋友的我依然为她感到高兴。

晚上，小绍带我去了一家正宗的老北京涮羊肉店，同行的还有她大学时的室友小鱼。据说小鱼也应聘到了小绍所在的公司，即将和她成为同事，这该是多大的缘分。

故人相见，自然分外亲切。我们点了一扎啤酒，约定好不醉不归。

初春的天气，正是乍暖还寒时候。锅里冒着层层热气，把我们几个人的脸映得通红，身上也渐渐暖了起来。我们不停地举杯，碰杯，聊着各自的生活，各自的经历，还有各自的梦想。

"你不知道,小绍大三的时候,好像完全变了一个人。她很少说话,整天神出鬼没的,一天到晚奋战在图书馆里,我们几个平常都很少见到她。"小鱼一脸神秘地对我说。

我笑着点头,表示赞同:"第一天见她的时候,我也很惊讶。她高中时候顶着一头红色的头发,是全校的焦点人物。"

小绍不停地往我碗里夹肉:"你俩就别光顾着数落我那些'光辉事迹'了,再不吃菜,就凉了。"

那天晚上,我好像把小半辈子没喝的酒都喝了,直到饭店将近打烊,我们才依依不舍地离开。

回到小绍的住处,洗去一身疲惫后,我俩并排躺着聊天。

说到我曾经最羡慕小绍的活法,她竟是一脸不可思议:"阿九,其实我最羡慕的人是你才对。年少的时候,我总是依靠各种方式来标榜我的特立独行,为此也总是让父母头疼。而在那样一个年纪里,你就已经那般懂事,知道自己该朝着哪个方向努力,不会让身边的人为你担心。"

"但是现在的你也已经找到了自己的目标,你的蜕变我们也都看在眼里。"我摸了摸小绍的头,郑重地说道。

那晚我们聊了很久,久到不知道何时才沉沉睡去。

很长一段时间里,我也一直在追问自己真正想要的是什么。我也曾一度感到惶恐,不安,迷茫和不知所措,那种拼命往前冲可还是看不到未来的日子是最煎熬的。其实,在这一路的跌跌撞撞中，我们不断地寻找，不停地努力向它靠近，千帆过尽之后，我们终将到达最想要去的那个地方。

　　而在这一路的苦苦追寻中，我们渐渐明白一个道理：成长就是哭过之后，也可以明媚张扬地笑。

在不堪的岁月里,努力笑出声

马晶旭

有时候,生活会在我们的身上割破一道伤口。而我们如果可以笑对坎坷,就可以在伤处磨炼出一颗又大又亮的珍珠,照耀自己的人生!

我搓着一双冰冷的手,站在家乡小城的十字街头。这里是皖南一隅,除了仅有的一条商业街还亮着灯,其他街道都是黑洞洞的一片。

闺密按着喇叭,终于找到了我。我大笑着奔上前去,她帮我把沉重的行李箱拎上车。我们在夏天离别,终究又在冬季里相聚到了一起。闺密还是曾经的老样子,只是脸更加白净了一些。在温暖的车里,我们谈论着五年来各自的生活。那些各自蜕变成长的经历,碰撞出各自的倔强和可爱。回顾那个离别的夏天,我们彼此都不曾流泪。我们都羡慕他人的生活,都渴望凭借自己的努力也过上那样的生活。

当年,我拿着录取通知单,从小城前往魔都求学;闺密拎着行李箱,赴帝都开启了新的征程。我在象牙塔内读着圣贤书,而她却在 CBD 里看着满城华灯初上的样子。我和她从此狂奔在不同的人生轨道上,不再携手共闯难关。

当我在熬夜写作业的时候,闺密正在大酒店的后厨里刷着油腻腻的盘子。她那因帮厨而受伤的手指,泡在满是泡沫的污水里一阵刺痛。如果换作是我,我肯定会眼泪啪嗒啪嗒地掉满整个水池,并且自怜自爱地认为,是全世界在以最恶劣的方式欺负着我。可是,我的闺密却用理智将委屈紧紧地锁入胸间,她在朋友圈里只发了一张可爱餐盘的照片。我懂得,她想表达对整个世界的善意。即使,每个人都是热爱美丽假象的胆小鬼。

我会蠢萌地在午夜时分跟她煲电话粥,向她抱怨魔都的排外和自己的学习压力。我吸下一口泡面,对她说我嫉妒她的生活,能够每天换着花样做出好吃的,是多么幸福的一件事情啊!她在电话那头柔柔地笑着,让我别害怕生活,别对自己的学习能力失去信心。她答应我,下次见面的时候会给我做很多很多好吃的。我终于撒娇完毕,心满意足地倒在宿舍床上沉沉睡去。

那时候的我不知道她的手上才被热油烫出了一个大泡,想要学做厨师的她遭到了后厨内其他人的嘲笑。大家讥诮她的蠢笨,她却忍着伤痛继续利用每个机会进行学习。我不知道她看过帝都的多少个午夜、黎明。我只知道,她在过年时真的做出了饕餮盛宴,引来了我的惊呼雀跃。

闺密对我说:"生活最好的一面就是允许你做梦,当你足够努力时也会实现你的愿望。你要笑对人生,因为会笑的女孩子运气都不会差!"

我默默地挂了电话,原来闺蜜在离乡背井的那一刻便知道,即使再艰难也要保持坚强。曾经有阅人无数的朋友指点我观察路人的面容,原来幸福度真的可以从每个人的脸上观察出来。

闪亮的车灯划过漆黑的街道,幽暗的角落里有着年老的乞讨者。我突然很想知道在他身上究竟发生了哪些故事,他究竟去过哪些地方见过哪些人。生活的艰辛造就了我们,大家都是有故事的人,滔滔不绝的难忘经历里总有那么一丝不如意。

在魔都炎热的求职季,我穿着光鲜漂亮的套装穿梭在大大小小的招聘会里。黏腻的汗水滴在了简历上,我踩着高跟鞋一瘸一拐地挤地铁,露出向日葵般的笑容,面对面试官的各种追问。原来从女孩到女人的成长,仅仅用了一步便铸成了。那,就是残酷现实的打压。

我躲在公园的深处给闺密打电话,满腹委屈连带着最不值钱的痛哭流涕。我抱怨着那些势利眼的面试官,未曾翻开我的简历便开始上下打量我的身材、面相。颜值,在找工作时竟然成了刚需,就好像公司从未指望过一个女孩能做出什么成绩来,颜值高、身材好就俨然是一名完美女性了。闺密也在电话那头哀叹着,她妈妈最近劝她回老家结婚生子。

她说:"我妈叫我别在外面累死累活的,回来嫁个好人家才是正儿八经的事情。我太不甘心了! 我想再试试看,我到底能够闯出一个怎样的世界!"

闺密的一席话激起了我的斗志。是啊,虽然我不貌美如花,可是我可以赚钱养家呀。我也想看看由我的双手,可以在社会上创造出多少财富!

我沉默了半天回复闺密道:"我也想试试看! 我们一起努力吧!"

我开始收起那些委屈,对着镜子一遍又一遍地练习着自己的口才。我开始慢慢享受起面试博弈的过程。我突然发现身边那些乘风破浪的女子,也都是历经伤害之后才破茧成蝶的。面对黑心房东讨要的高额房租,我内外兼修地报以微笑。我咬牙决定,明天必须更加努力地加班赚钱。我努力提高着自己的赚钱能力,艰辛地攒下一平方米又一平方米的购房首付款。

我知道,我只是一个一无所有的穷姑娘,穷得只剩下了自尊心。残酷的社会里,从来都不缺少挣扎奋斗的年轻人。多少平凡又善良的女孩,怀着一颗善良的心日复一日地努力生活着。她们渴望认同,却遇见了嘲讽;渴望重视,却又遭到了白眼。残忍的现实世界里,人们的目光总是盯着高处的胜利者,而自动屏蔽了那些在低处艰辛挣扎的人。

今天不努力工作,明天就要努力找工作;今天不努力工作,明天就没有华丽转身的机会。

命运奇妙地给了我一份饱满的回馈。三年之后我在魔都买了房，而闺密也在帝都完成了成家立业的人生规划。

我们一路回想着成长路上的磕磕绊绊，我摩挲着闺密手上的疤痕感叹道："真是不容易啊！走的时候还是一双玉洁光滑的手，现在却……"

闺密嫣然一笑，说："咋啦？心疼吗？要不是曾经吃的那些苦，又何来我今日的荣光呢？"

闺密的汽车平稳地停在了一家日式烤肉店前，面如满月的老板娘笑容可掬地站在门口迎接我们。闺密利落地跳下车，对我介绍着这家店的老板也曾经是她在北京打拼时的室友。热情洋溢的老板娘拉着闺密的手，引我们步入店内的安静包厢中。包厢的桌子上，已经满满当当地放满了各色食材。老板娘在酒过三巡之后也说起了自己的过往，那些不堪的岁月里另一个面容模糊的自己。

老板娘说："曾经的我是怎样一个人呢？总拿学历、家庭做借口，生活里一遇挫折就立马变成了怨妇，抱怨出身，抱怨家庭。可是，就算我变成了众人眼中的祥林嫂，也不会解决我生活中的任何一点问题。薪水依旧微薄，生活依旧处处不如意。老公依旧不回家，儿女的学业依旧一塌糊涂。我天天折磨着别人也折磨着自己，待人散漫，衣着邋遢。"

面如贵妇的老板娘，在提及曾经的伤心往事时，依旧忍不住眼角出现了星星点点的泪水。闺密体贴地握住了她颤抖的手，说："可是，你看你现在过得多好，有了自己的店铺，小日子也过得和和美美的。"

老板娘笑了一下，说："是啊，自从我四十岁的时候跟老公办理了离婚手续后，日子是一天过得比一天好！为了摆脱天天自怨自艾的生活，我每天学习厨艺充实自己。我反复警告自己，不能够就这样默默老去。"

闺密哈哈大笑道，对我说："我还记得第一次带她相亲时，给她涂上大红唇让她穿上高跟鞋的滑稽情形，她几乎找了一万个理由来反对。"

老板娘也大笑了起来，说："我如果依旧一直浑浑噩噩地混日子的话，天知道老了会变成怎样磕碜的样子。女人啊，年轻时候都做不到的事情，老了就更加有借口拖着不做了。什么烈焰红唇高跟鞋，什么挚爱伴侣，都会败给一句'我老了'。"

是啊，女人到底在什么岁数算老呢？或许在你放弃努力奋斗的那一天，身体便永久性的腐朽了下去。有多少女孩在结婚之后便开始了混日子。她们放弃了掌握自己人生的权利，而交给了随波逐流的命运。

清酒烫喉，我举杯敬了闺密一杯。正是有了闺密这样的励志榜样，我和老板娘才能够走出不堪的时光放声大笑。

经历了岁月的洗礼之后，我们不再是记忆中那个不堪一击的人,我们比曾经想象中的自己更加坚强勇敢,游刃有余地面对着人生的挑战。罗曼·罗兰曾经说过:"生活的磨难就像一把犁,既割破你的生活,也开垦了你的生活,便于你找到希望的源泉!"当我们在面对挫折、失败和不幸时,首先要学会用坚强锻造自己,然后用实力征服别人。就像珍珠蚌一样,在伤处磨炼出一颗又大又亮的珍珠,照耀自己的人生。

一个人平均每两年就可以拥有一次改变人生的机会。有些人利用这两年的时间,努力到了新的高度,默默做好准备迎接着机会的到来。而另一些人却心有余而力不足地面对着原地踏步的人生,期待着上天能够突然赐予洪荒之力彻底逆袭命运。其实,世界上哪有什么洪荒之力?不过是一点一滴,厚积薄发,最后才展示给大家一个华丽的转身。

抚平浮躁的心,倔强面对尘世的洗涤。不畏惧坎坷,才能笑对人生!

流着泪出发,遇见满脸笑容的自己

坼双瑜

有时候我们义无反顾地往前走,不是因为爱,而是失去了爱,那种绝地求生的本能也会成就不一样的自己。

我的同事圆圆是个很讨人喜欢的姑娘。名如其人,她的脸蛋圆嘟嘟的,就和我们在屏幕中常见的福原爱一样,笑起来又萌又生动,让人心生欢喜。除了圆脸蛋之外,她个子不太高,身材就显得圆润有肉。

有些同事见面打招呼的时候,"圆圆"两个字的发音咬得特别重,还意味深长地对着她笑。本来女生多少介怀别人对她的身材进行品评,但是圆圆并不生气,她也跟着哈哈地笑:"没错!我是圆圆。"

一开始我以为这不过是她化解尴尬的手段,后来发现她是真不生气,可以说毫不介怀,我也偶尔开开她身材方面的玩笑。

"看你腰间又厚了点,上哪去吃好吃的了!"

"讨厌!知道别说话!"

两个女孩子开心地笑着,也会让午间难熬的工作时间透出轻松的愉悦。

圆圆很爱吃,是个地道的吃货,哪个犄角旮旯有好吃的她全都知道。她才来我们单位不到半年,就已经知道本市第一中学旁边那个小弄堂的蔡妈糖水是全市最好吃的甜点,甚至还摸清楚了准确的开店时间(若干年前,大众点评还不火呢)。

作为在 Y 城工作了五年的资深美女——我,连第一中学的小弄堂在哪里都还没找到,所以我对她的佩服便犹如滔滔江水连绵不绝。

吃货们都有一个共同的特点,那就是瘦得很不明显。圆圆因此每天晚上都沿着我们住的小区的街道慢跑,恰好我也比较喜欢运动,因此我们俩常常约在一起边跑边聊。

女生嘛,只要聊得来,天文地理八卦趣闻全都会涉及。在我们已经非常熟悉的情况下,有一次,我们聊到了自己青涩的初恋。

我先说起当时的自己是多么傲娇、无理取闹,对方又是多么帅气宽容;我只觉得万分遗憾,没有在对的时间遇上对的人,要是能"晚点遇见你,余生都是你"那该多好呢。

对于过去的初恋,无论如何我们都是要美化那么一星半点的。在圆圆没开口前,我以为,她的初恋故事可能也是我这个类型的,原因很简单——对吃痴迷挑剔的人对爱人估计要求都比较高,而年少的时候谁又会让着谁呢?

没想到,她告诉我一个劈腿渣男的故事。

　　圆圆和她的初恋相识在大学校园,两情相悦金银难换,两人毕业后历尽艰难进入了同一家单位。那时候圆圆很爱她的初恋,他们住集体宿舍吃饭堂,自己不能开伙。她就偷偷摸摸买了一个电磁炉,在宿舍里研究菜谱,做了好吃的就叫她男朋友过来吃。

　　圆圆的初恋全身心地投入工作,而她经常一个人逛街一个人看电影,做了美食也是一个人吃饭。除此之外,她还包揽了前男友生活上所有的事。总的说来,那个初恋除了洗澡要自己动手以外,其他只要动嘴就行了,有的时候甚至连动嘴都不需要。

　　我听着这故事的时候都挺咋舌的:"你在爱里画地为牢了?"

　　圆圆苦笑了下:"可惜年轻的时候并不知晓,觉得能成为'我们'就是最幸福的存在。"

　　画地为牢的幸福很容易破碎。工作一年半后的那个春节,圆圆和她初恋本来约好了,等到开年,两人就找时机到对方家去坐坐,算是约定见双方家长的架势。圆圆那个年过得挺开心的,可是后来打电话说到相互拜访这事儿的时候,她的初恋就说家里有事不方便。

　　等过完年回单位,圆圆全单位最后一个知道她的初恋从老家带回了一个貌美的女子,而且还帮她安排好了工作(她的初恋工作出色,已经深得领导喜爱,安排个后勤的工作易如反掌)。

　　真是"活久见",劈腿直接劈在家门口,而且还是在光天化日大庭广众之下,那真是叫人无与伦比地心痛,脸面荡然无存!圆圆说，那时候真是想要死，但是死之前还是觍着脸去问了为什么：为什么搞这样的事，要分手就明说好了，大家都是成年人。

那个初恋一脸义正词严："我和她没什么的，不过朋友工作无望，我正好能帮上忙！你可不要多心。"

这个时候，是谁都想要劈死这个"无辜"的男人。就算没贼胆已经有了贼心，哪怕再没什么也不会有人相信，何况见父母这事还失约，欺负人死心塌地也不能欺负人傻呀！圆圆立刻单方面和他分了手。

"贱人"终日在眼前晃荡，同情可怜的眼光泛滥成灾，圆圆二十四岁那年活成了大写的笑话。

异地工作没有很交心的朋友，只有一个相对要好的同事，但是能劝的无非是"你要想开点，贱人自有天收"之类，说者无奈听者乏力的话。圆圆白天强颜欢笑晚上以泪洗面，一个月瘦了五斤。

圆圆暴瘦的第二个月，眼泪流干了，再也流不出来了，她才想到要离开这么锥心刺骨的生存环境。她开始在网上投简历，四处撒网。终于过了两个月后，有一家单位给她回复，希望她于某天前来面试。

她那时根本不考虑前路是山是海，是凶是吉。一个成功率不大的面试机会，对她而言就是感觉受到了神的召唤。她立刻收拾行李，提交辞职报告，逃也似的离开了原来的城市飞到了我们这边。

圆圆来到本市的那个晚上,下着瓢泼大雨。当时,智能手机还不是大众消费品,网上的服务功能更不像现在那般到位。圆圆就是凭着本能和直觉在街上乱走,想寻找住宿的地方。

就在她右手打着伞,左手拖着行李箱四处张望的时候,不知哪里窜出一个劫匪,从她后边冲来,然后把她肩头的小包给抢了。

屋漏偏逢连夜雨!老天爷果然是最喜欢考验人的。圆圆当时先是一吓,紧接着电光火石间考虑到的现实困境让她发怒。那包里面是她的家当,卡、钱和身份证。包被抢了,铁定就要露宿街头,而且明天的面试估计也要黄。她怒不可遏,快速地将伞一收,然后用力掷向那个劫匪。

圆圆的霉运可能被雨水冲走了一些,还是有点好运气的。她虽然是小个子,怒气中的一掷竟然也击中了前面跑着的劫匪。当时,天色不算太暗,只不过是下雨行人很少,方便了匪徒。但是匪徒也被突如其来的反抗吓到了,雨伞落地后,他回头看到了圆圆眼里的熊熊怒火,于是边往前跑边扔下了她的包。

圆圆拖着行李箱捡起自己的包,发现里面大钞全没了,其他都还在,她真的就像在电视电影看到的一般,在马路上痛哭出声。

等她浑身湿透站在旅店的房间里,圆圆发誓不论以后到什么境地,绝不能让自己再如此狼狈,特别是因为一个男人如此狼狈。

　　心里涌起的怒气和狼狈过后的咬牙切齿,让圆圆燃起了奋争的勇气和欲望。她第二天的面试很顺利,就留在了我们单位工作。

　　来到新单位,没人知晓过去,圆圆不再像以前,局限于一个人的生活,经常邀约同事闲暇时去吃饭去逛街去喝茶。她只让人见到她笑眯眯的模样,再也不要那些同情窥视的目光;她开朗大方、热情奔放,以前尖尖的下巴消失了,变成了圆圆的苹果脸,人见人爱。

　　因为以前经常做菜,喜欢研究吃,圆圆也就对美食感兴趣。她一个人走街串巷,寻找美食。她在四通八达的街道上边走边吃,发现好吃的地方回来就和朋友同事分享。偶尔,朋友同事相聚在她一再推崇的美食店,她也总是能争取到打折优惠。既能吃到美食还花费不多,所以大家更喜欢圆圆了,看向她的眼光都透着欣喜和高兴。

　　圆圆成了本地的"美食通"。朋友同事找地方相聚,找店家电话,找店家折扣,都来找她帮忙。通过美食,她仿佛也贯通了自己心中交叉纵横的路途,展开了一张自己心灵的地图。

　　那被辜负的心,那同情的眼光,那躲躲藏藏的嘲笑,全留在了过去。圆圆很开心,她还记得当初的誓言,绝不再看到狼狈的自己。

　　我听着这个故事,逐渐地慢下脚步:"我听说你是通过聚餐认识你现在的老公的,'吃货的相遇',这是你自己说的?"

"嗯,不记得是谁攒的局了。那天是元旦,一堆小年轻聚在一起。"圆圆放慢了速度,"我们讨论起一道菜,说店家大厨做得不好吃。我就说该是怎么做才行。我那个吃货老公当时两眼就放光说,你竟然想到用这个配料,人才啊。聊着聊着,他就要了我的联系方式。"

我笑了:"你们相遇相爱才不是因为吃呢!"说着,我掐了一把她的脸蛋:"你这呀,胶原蛋白多,吸引人!"

"那么夸张!"圆圆也在笑,幸福在脸上溢满了,光彩动人。"我们在一起之后,也一直是约一群人吃、吃、吃!"她还没说完就笑得不可自抑,"我们都挺高兴的,我和他做饭也会叫上朋友过来,下次叫上你!"

"好呀! 荣幸至极!"我热烈回应她。

同等条件下,一个活泼可爱的女孩总会比一个孤芳自赏的女孩更惹人喜爱。曾经的她蜷在自己的角落里,等着别人来爱,现在的她打开自己拥抱生活,人见人爱。

有多少流泪的过去都不可怕,重要的是我们再次出发后成为笑容满面的自己。

给过去的自己,做一场认真的告别

三 千

总有一天,我们会把人生中的那些相濡以沫,熬成忘彼此于江湖之远。

今年年假回家,见了很多老朋友。时隔多年,其实有些人的面貌在我的大脑中已经不算太清晰,然而这并不影响这场久别重逢的寒暄。

当然在这类聚会上,总是免不了提及过去。所以再次听到故人的名字,我并不意外。只是没想到说曹操曹操就到,才刚提到他的名字,他人已经推开包间的门,一面说着"抱歉,我来晚了",一面大步走了进来。他被一群人叫嚣着罚酒,我下意识地抬手摸摸胸口,还好,心跳很平稳。再见没有我想象中……那么激动人心,也没有咬牙切齿的愤恨。我得体地微笑,轻轻地举杯。多年以前的回忆,好像微风吹过湖面,难以再泛一丝涟漪。

谈起故人,总免不了讲讲我们是如何相识的。我们曾是高中的校友,大学又恰巧做了同班同学。其实作为一个文科妹子,收到数统学院的通知书的时候我是拒绝的。但是在面对学数学和复读这两个选项时,我无可奈何地选择了前者。在这样悲剧的情况下,能见到熟人,我恨不得感叹老天总算待我不薄。

其实说起来,他在大学里并不算是特别出众的那类男孩子。我们最初的交往,也是看在前校友兼同学的分儿上,他对我要比其他人好一些。而且那个时候我有些交友障碍,所以特别容易对相对熟悉的人产生依赖感,以至于我渐渐成了他的小尾巴。

他跟其他人没有什么不同,爱好也特别大众,不是打游戏就是打篮球。而我嘛,他跟人打团战的时候,就坐在网吧角落自己聊 QQ;他参加篮球比赛的时候,就成了负责抱衣服、送水的后勤人员。虽然在其他人眼里我差不多成了他的苦力,还是不要钱的那种,但其实他对我不赖。我记得当时我一直在减肥,死都不肯吃饭,但偏偏我胃不好,每次饿久了就胃疼。为了让我多吃几口,他总是下课就直奔食堂,就为了跟人抢我最喜欢的糖醋小排。还有作为数学学渣,我一到考试简直生不如死。如果不是他每次期末都会把我提溜到自修室、划重点、补习,我大学四年的专业课,估计得一路亮红灯。

所以想来我们在一起不奇怪,不在一起才会让人大吃一惊,可……他确实让人大吃一惊了。大二那年,在篮球场外他搂着我的肩膀,指着离我们最近的球场上一个正在打球的姑娘问我:"怎么着,让那姑娘做你嫂子行不行?"讲真的,那一秒钟我内心直接是崩溃的。直到今天我都没办法找到一个合适的形容词来表达那一秒钟的心情,就好像到嘴边的鸭子飞了,完了那鸭子还转过头冲你傻笑。我记得听他讲完以后,我好像直接踩了他一脚,说:"不行!"然后果断逃离了现场。

不过我的反对,于他并没有什么用,那家伙还是一头扎进了恋爱的洪流。其实我是个占有欲特别强的姑娘,而且我是真的喜欢他呀!所以那时候我们吵了很多次,甚至几乎绝交。直到大三结束,我们全体准备出去实习,我任性地报了一个离他很远的山区中学,去顶岗。当时他差点气死,黑着脸来问我,我是不是傻,我又哭又骂最后把他给气跑了,就连我离开那天他都没来送我。

由于山里信号不好,我很少用手机,要是遇上大雨,有急事需要打电话,还得跑到镇上去找镇长借公用电话。所以往后的一年里,不管是出于现实原因,还是我们没能原谅对方,这些都让我们彼此失去了联系。再见已是临近毕业,我们带着自己的实习成果,回来做毕业答辩。在学校碰上了,甚至都没打招呼,只是微微点头,然后擦肩而过。那时候我特别委屈,觉得那家伙太没风度了,先低头认错会死啊!

就为憋着的一口气,我们直到正式毕业都没好好说话。答辩的结果是我勉强打了个擦边球,惊险地拿到毕业证书。而他由于在实习期间表现出色,争取到了留任。轻松完成答辩后,等着新学期开始上岗。在毕业聚餐上,他身为已经有工作在手的大神,难免被人灌酒。若是放在以往,我必然要冲上去,不许他们得寸进尺。但在我们差不多形同陌路的时候,我已经失去了那样的立场,唯有冷眼旁观,看他拿酒当水一样地喝。

　　原本以为我们就这样了,以后也不会再有交集了。可临走时,他突然抓着我,说:"林婉,我送你。"周围都是起哄声,我瞥了他一眼,沉默地跟他并肩往前走。空旷的街道上我们谁都没有开口说话,一直到了我暂住的出租屋前,我都没等到他开口。到了门口站定,我才先说道:"我到了,你走吧。"语气特别僵硬。他似乎欲言又止,但最终只有沉默。沉默地转身,沉默地离开,我看着他的背影,潸然泪下。嘴巴里那句"我喜欢你"几乎已经到了嘴边又被我咽下。都到了这时候,说与不说似乎已经没有什么意义了,我只能好好地在心里对他说:"再见。"

　　毕业后最初一段时间我成了无业游民,整天待在家啃老。我也尝试着去找过几份工作,但最后才发现,老师这个职业实在是不适合我,尤其是数学老师。痛定思痛后,我最终决定考研,去学我心心念念的"新闻采访与编辑"。老爸老妈估计是看我没救了,也就放任我自己拿主意。在念研究生那几年,我偶尔会听到或者看到一些关于他的消息。一开始我会好难过、好难过,等到时间久了,也就麻木了。只有唯一的一次,我陪我室友去看电影《撒娇女人最好命》。这本身是部喜剧片,我却在结局《突然好想你》的旋律响起时,号啕大哭,吓得我室友连结局都没看完,扶着我出了电影院。我哭得直不起身,蹲在路灯下,看着来来往往的车,却没有一辆能载着我回到从前。我想起了曾经那个哄我吃饭的笨蛋,想起了那个揪着我头发让我听课的家伙。可惜,青春不再来,成长的路上我们已经渐行渐远。

我活到二十六岁,听过陈奕迅才开始听五月天。我以为我早在二十岁就流光了所有眼泪,我再没有因为怀念谁哭到停不下来。我开始正视每一个离开我生命的人,我能感慨相见不如怀念,也能接受此生不见。听着《干杯》,再听《如烟》,我也想问,有没有那么一滴眼泪,能洗掉后悔。我后悔少时的意气用事,让我在生命中最美丽的时刻,失去了一个对我那么好的人。如果那个时候我能少任性那么一点点,少骄傲那么一点点,那即使如今的我们,做不成爱侣,也能做彼此一生的挚友。

而今多年以后重逢,青春时期的面庞已经被岁月模糊。我再次听着别人灌他酒,听他笑谈起自己的家庭,说起他的妻子。我实在很难把他跟我记忆里的少年联系在一起,果然时光无情,岁月易老。当他的酒敬到我这里,我坦然地举杯,在他淡然的笑容里一饮而尽。

这一场聚会,我早早地离席。不是因为还有眷恋,而是我终于决定,认真对过去的自己说再见。年少的时候,我们不懂表达。喜欢一个人,就是要想尽办法吸引他的注意,欺负他,惹怒他,让他的眼睛里只有一个我。到了现在我都没有办法去评判这样的做法到底是对还是错。可想想那个时候的自己,就像一个要不到糖吃的小孩,他不喜欢我,我就冲他发脾气,吵架。在这个过程中,又有多少伤人伤己的话在不经意间脱口而出,让那个我最依赖的人,逐渐离我而去。只是后悔,已晚矣!

人生的路很长,我们始终在尝试着成长,一路跌跌又撞撞。或许会遍体鳞伤,又或许能迎来全新的篇章。但我们都应该感谢那个来到过我们的生命,赐予我们一场爱恨,赋予我们成长的力量的人!那个曾经在我生命中那么重要的故人,虽然他在我青春还未散场的时候,已经转身而去,可我却永远无法抹去他曾经来到过我世界的痕迹。虽然现在的我已经离数学很远,离我们的时代很远,但他的存在让我学会了原谅,学会了宽容,更让我懂得了珍惜人与人之间的缘分,更加了解到,自己曾经那些口无遮拦、自认为无所谓的话,往往才最容易伤到身边亲近的人。我们要牢牢把握当下,抓紧身边每一个对自己好的人,不要轻易把他们遗失在路上。

记住岁月是把刀,它会把我们的人生切割成无数段,我们注定与一些人相遇,就意味着我们必须和一些人分离。时间的列车永不停,少年早不再,青春已过半,剩余的时间要记得好好过。

愿你与孤独相拥,逐渐成长

梦 色

在成长中学会了忍受孤独,体验了各种经历,遇见了许多的人和事,才发现原来自己已经抛弃当初幼稚的脸庞,逐渐成长。

当我再次遇见夏茜时,是我们在国内离别之后的第四个年头,如今她已经如愿以偿地实现了梦想。此时她一身素装优雅地站在台上,从她身上我感受到一股吸引人的魅力,让我震惊不已。没想到如今的她成长得这样好。

台上的她仿佛环绕着耀眼的光环,一颦一笑都令人陶醉难忘。收到她的新书签售会的邀请,我马不停蹄地从国外赶来,我幻想着和她相遇的各种情景,最终也算是情理之中,意料之外。

在这四年里,我很清楚地知道自己过得有多劳累。而她已经不是一次两次举办新书签售会了,我能够体会她所付出的艰辛。

但是我明白,四年里付出的努力换来现在的成就是值得的,我想她也不例外。

我们在寂寞中努力,才换来现在的功成名就。

能遇见就是缘,哪怕就匆匆一眼。我记得和她相遇是在图书馆,经过交谈才知道,她和我一样都是文学爱好者,正是因为如此我俩留下了彼此的联系方式,在那以后我俩成了好朋友。

我和她有一个相同的梦想,一个关于文学的梦。原以为我俩都会成为作家, 但在追逐梦想的过程中因为各自努力的方向不同,最终所得成就也相差很远。一个成了作家,另一个则成了企业家。

虽然和当初的预想结果有所不同,但我们如今拥有的一切皆是由无数个日夜的拼搏努力换来的,也不曾有半丝遗憾和后悔。

毕业是令人痛苦的。距离毕业时间所剩无几,那时候的我们都忙碌着找工作,最后我中规中矩地入职一家公司做职员,而她却是选择了辛劳的编辑行业。

我问她为什么。她说做编辑正好,她喜欢文学,编辑这个工作可以拥有更多的时间去和文字打交道。每天的时间就像挤海绵中的水,能抓紧就抓紧。每当有剩余的时间,即使再劳累她都会用在写稿上,而我却是选择了休息,回家就躺在床上。

好景不长,都说坚持是最困难的,短短不过两个月她就离职了。问她原因,她说工作太累。

她是我见过最倔强的女孩,没有人能比。为了能够放松这两个月因为工作而疲惫不堪的身体,她打算出去旅行,家里也没有反对。她给我打了招呼便背着旅行包,潇洒地离开了这座她生活了四五年之久的城市。

其实我也有些羡慕她那样的洒脱,不过现实终究是现实。她家不是大富,但相比平常家庭而言,也算是有钱人家。

我不知道她究竟去了多少地方游玩,我收到了她发来的数之不尽的照片。照片中的她像脱缰的野马一样朝着未知的世界奔跑,跑得越来越远,直到我再也看不见。

我常说她像一个长不大的小孩子,撒娇任性,爱玩游戏,根本没有一个成年人的模样,而她却是不以为然。

听她说,她一天去一座城,甚至是两三座城。想想她那瘦小的身躯,我真替她担心能否承受得起奔波消耗。

她说,她经历了各种人和事,她每天穿梭于城市的孤独之中,一座座陌生的城只识自己一人。

如今我的手机里依旧存放着当年她发给我的照片,听说好多照片她都已经没用了,但是我这里保证是完整的。

这些照片成了她成长的最好的证明,点点滴滴改变,到最后抛弃了玩耍的性子,踏实稳定地融入生活中去。

公司放了长假,夏茜给我买了机票让我飞到了沿海一个城市。再次见到她,才发现她的肤色变得有点黑,想必是这段日子里旅行的结果吧。

近一年的时间里她都在外面,我居然从心底里佩服她,毕竟这也算是一种坚持,以往的她可做不到。

不过,似乎旅行也属于玩,爱玩游戏的她也坚持了十几年,未曾放弃,难怪她可以坚持这么久。

在旅馆里我和她睡在一张床上, 听着她叽叽喳喳地述说不停,也不知道我听到了什么时候,当我醒来时是被她吵醒的。

洗漱完毕,天还未亮,我们简单地吃完早餐便出了门。这一次她带我去看日出,来到她之前踩盘的地点,我们向山上爬去。

到达山顶雾气渐薄,东方的山头呈现一丝淡黄色,平时稳重的我也有些不淡定了。天边越来越红,黑暗一瞬间被驱逐,随后太阳冉冉升起冒出了山头,放出万丈光芒。东方的天空被太阳染了色,一束束肉眼可见的光照射至大地,整个世界温暖起来。

"真美啊。"我被这一幕陶醉了,大自然的美无法复制。

"还准备游玩多久?"我转过头望着夏茜,这一年她的变化很大,她变得沉稳许多,我不知道她还会用多少时间去旅行,"下一站要去哪里?"

"回家。"

我感到惊讶,不过更多的是一种高兴,能够见到她想通是难得的。"真的想好了?"我试探着问她。

她重重地点点头,目光朝着朝阳的方向。

"当初我害怕失败,不敢尝试,总是喜欢幻想,却不付出任何实际行动。常把梦想挂在嘴上,开口闭口皆是梦想,事实上我只是一个行尸走肉般的人罢了。这一年的旅行对我整个人生而言,都是一个成功的重大决定,我找到了真正的自己。

"一个人的旅行是孤独寂寞的,我想过放弃,回到温暖的家里,平庸地过完这一辈子。幸好我还有些明智,未曾放弃,不然未来的我一定会痛恨放弃梦想的自己。

"真不知道以后我们会是什么样子,是平庸一生,还是各自如愿以偿。人生有时感觉像探险一样,惊心动魄,令人害怕又感到刺激,急着知道答案,对未来我真的好期待。"

看完日出后,接下来我们又花了两三天时间去了其他地方。我终于明白了夏茜为什么能够一个人旅行这么久。这几天里我们没有半点思虑,只是尽情地放松玩耍。

我先一步离开,紧接着夏茜也回来了。不过不巧的是,她刚回来,我就要离开。这一次我要到国外进行为期一年的培训。消息来得很突然,不过这是我以后能够升职的好机会。

原本只是在国外培训一年就会回国,谁知道这一别却是整整四年之久,在这四年间我们都发生了很大的变化。

不过我十分放心,经过一年的旅行,她似乎一夜长大,懂事了许多,相信下次相遇她会让我更加震惊。

人各有志,我们想要的生活并不会凭空得来,没有经历一番磨难,又怎会踏上成功。虽然我偏离了当初梦想的轨迹,甚至偏离得很远,但是我不后悔,因为如今的我也没有畏惧将来,我相信,未来的我会变得更好。

到了国外,生活再次忙碌起来。感觉自己像一台机器,不知劳累的地拼命工作和学习。

我已不记得自己挥洒的汗水,也不记得夜里流下的眼泪,脚踏实地地在公司里工作,不放弃任何一个机会向上努力,夜以继日地忙碌,而"忙碌"也成了我的代名词。

我清晰地记得在离别时她说的最后一句话。

"旅行一年也玩够了,玩了十几年的游戏也早该结束了。现在的我如果再不努力,恐怕不久后会被你甩得很远,我可不想看到这个场面。"

夏茜朝我挥了挥手,我笑着朝她点点头。说真的,我很幸运能够拥有这个朋友,这四年里我们虽然没有相见,却是一直在联系。

看到她如今的成就,我很开心,也很荣幸成为她实现梦想一路走来的见证者。她真的是成长了,一年的旅行经历让她改变,这四年不知道她付出了多少艰辛努力。

人群整齐地排着队列,一个个地等着签名,而我也走进了队伍,虽然她已经说好会台下给我,但我还是想感受一下这个氛围。

在队伍中看到笔在她手中飞舞,签个名几秒不到,而她脸上始终洋溢着笑容,用微笑面对她的每一个读者。

终于我到了桌子前,她抬头一见是我,足足愣了几秒,随后把名字签在了书上——笔在手上转了几圈,重重地写下:愿你与孤独相拥,逐渐成长。

　　成长的路途上难免遇见各种挫折和困难，我们会感受到什么是孤独和寂寞,但是千万不要选择放弃,在梦想这条路上,放弃不可言。

　　不要坐以待毙,要选择主动出击。

　　对于未来,愿你能够坚持梦想,不要随波逐流。在经历寂寞过后你会发现,原来自己逐渐褪去稚嫩,已经成长。

最想要去的地方,怎么能在半路就返航

于开蓉

每个人都有最初的梦想,不知道现在的你是否还在坚持?做努力向上爬的蜗牛或坚持飞的笨鸟吧,执着,前进,那个远方你终会闪亮到达。

高考后的那个夏天我去北京游玩了一遭,也就是在那个时候,我认识小溪的。

小溪并不比我小,她二十七岁,西安姑娘,正儿八经的北方人,她的人像她的名字一样,恬静优雅却也不失潇洒灵动。她毕业后背起行囊独自一人开始北漂生活,现如今已经在北京城里度过五个年头了。

我们相识于后海的一家酒吧里,记得那天傍晚的后海特别醉人,华灯初上,人潮氤氲。也许是因为都爱这种慢下来的优雅的环境吧,我和小溪同被那名驻唱歌手的《简单爱》所吸引,于是一杯鸡尾酒开始了我们的缘分。

小溪是个挺倔的姑娘,典型的白羊座性格,似乎骨子里就有那种北方姑娘天生傲骨绝不服输的气质,用她的话说可真是没少让家人伤脑筋啊。虽说是家里唯一的女孩子,可在她身上却看

不到大家闺秀或是小家碧玉的样子,倒像是个活脱脱的愤青,一心想把生活过成自己想要的样子。

她说她最想去的国家是尼泊尔, 那是一个最接近幸福的地方,空气清新,环境优美,最重要的是那是一个没被物质污染的天堂,人们的眼神倍儿清澈,她特想感受一下朝圣的滋味。

她说她不爱金融不喜欢玩数字游戏,此生只偏好于旅游,曾经自认为最伟大的梦想是一个背包一辆单车然后仗剑走天涯,就这样人山人海,边走边爱。

她说生活的压力让太多人不像自己,为了生计,为了家庭,做着自己并不喜欢的事, 那个曾经揣在胸口的梦想也在琐碎俗事中被消磨得无影无踪,那样的生活不是她想要的。

向往自由,做自己想做的事,大胆打破常规,不循规蹈矩,小溪像她的名字,穿树林,绕石堆,缓缓流淌,默默积蓄,遇高山深谷则撞击出自己最响亮的声音,只是为了那个响当当的梦想。

七月的北京燥热得要命, 即使是早晨八九点钟的太阳也毒辣无比,不过这丝毫不能阻挡我们的好心情,小溪和我相约在午后的798。在这里游玩的时候,我更深一步地了解她,也知道了她的一些经历。

小溪有过两段恋爱,一段青涩,一段深情。

小溪喜欢文艺些的东西,品茶养花,或者听轻音乐。她有小女生的一面,偶尔去饰品店买毛绒玩具,她说她最爱的是哆啦A

梦,因为这只猫神通广大,总能化腐朽为神奇。

　　小溪和我很像,有一颗坐不住的心,总觉得世界那么大,应该出去看看,高中时代的她就独自骑行出市区,父母觉得她是女孩子,便对她严加管教。她安分了一年,此后考取了一所不错的大学,如愿以偿报考了旅游管理专业,和自己的梦想更近了一步。

　　大学里的她也不闲着,经常在周末去当地的旅游景点做导游,既勤工俭学赚取生活费,又顺带过了导游瘾,大学生活安排得有滋有味,说着,她钩住旁边大头娃娃的脖子,一脸狡黠地问我:"小朋友,你的梦想是什么?"

　　我抬头笑笑:"梦想嘛,我喜欢写作,以后想去杂志社工作,你呢?去周游世界么?"

　　她顿了顿,接着说:"你知道的,我喜欢旅行,如果一切可行的话,我想开家旅行社,为那些爱好旅游的人提供服务,让我们的导游带他们去旅行,现在这个梦想已经在筹备阶段了呢!"

　　话音未落她便飞来一个稍稍得意的表情,我冲她做个鬼脸,学着《武林外传》里佟湘玉的样子搞怪道:"不错,我看好你哟。"

　　那天天气很热,但我们玩得很嗨也笑得心照不宣,一路上,她负责摆姿势和搞怪,我则乐呵呵地拍照留念,我忘记了我们聊了多少话题,好像有娱乐八卦,有校园生活,也有初恋那件小事,好像有很多很多,但印象深刻的也就那个梦想了。

　　回到住处的时候已经是晚上九点,我简单洗漱后便窝在沙发里看泡沫剧，也许是累了吧，看着看着便眼神空洞，倒在沙发上仔细想想，其实我已经太久过得不像自己了。

以前高考的时候以为高考是天，高考完后一下子泄了气，忙着游玩聚会，那个心里的梦想被俗事冲击，已经太久没存在过脑海里了。

后来，我和小溪又断断续续相约了几次，去了南锣鼓巷、烟袋斜街，还心血来潮去了潘家园，我在北京短暂的假期因为有她而平添了别样的色彩。

时间过得飞快，九月份到了，我和小溪在火车站告别。我告诉她，假期我还会来的，到时候再约，她摸摸我的头说："丫头要好好努力，不忘初心，方得始终。"

我的大学生活开始了，每天的课程不多，特别轻松，这样舒适安逸的环境很容易造就懒癌细胞，让人忘却自己。我还认识了一群可爱的朋友，每天和她们玩得挺开心，一起去吃美食，一起逛街，甚至一起逃课。

厮混堕落的日子久了，人也变得麻木了，什么当初的梦想都抛到了脑后，和小溪的联系也变得少了，只是偶尔看见她的动态点个赞评论一下，就这样过了一年。

当暑假再次来临，我告诉小溪我要去北京的时候，她问了我日期、到站时间，说要去车站接我，我笑笑盛情难却地接受了。在火车上，我思绪万千，一年不见，不晓得她的近况，聊起来会不会有些生疏?事实证明我多虑了,她还是那样,笑起来爽朗得像溪流叮咚,其实和她这样没心没肺的人交流起来挺轻松的,不用小心翼翼,不用担心哪句话说错。

把我安顿好的第二天,她就带我去了她的秘密基地,一路上她神神秘秘,不肯告诉我到底是什么地方。二十分钟后,车辆停在一家旅行社门口,下车的瞬间我顿悟,回头看着她又惊又喜,她微笑着点点头,带我进去参观。作为年轻小白的我对她佩服得五体投地,要知道对一个年轻女孩来说,即使有投资商愿意投资,在北京开一家这样的公司也是很不容易的。那是第一次我在现实生活中如此崇拜一个人,她在我心里的形象与之前相比高大了许多。

在公司里她兴致勃勃地给我介绍各种事情,我虽然不懂,却也不想扫她的兴,因为我知道,梦想的实现是人生中一件"喜大普奔"的事情。

我记得那天我看见她的眼神是闪闪发光的,我在心里暗暗发誓要像她一样优秀。

思修课本里说目标的实现是量变促成质变的过程,执着于梦想的人拥有隐形翅膀。在赞叹她努力拼搏的同时,我也为自己的碌碌无为羞愧得说不出话。

可是好景不长,命运有时候就是喜欢捉弄人,喜欢给人考验看人出丑,在公司运营了大概两年的时候,投资商以利润不够大突然撤资。小溪力劝无果,她跑到投资商家门口苦苦哀求也没能改变那些只谋求利益的商人的决定,她的梦想又跌落到了谷底。

我有些担心她,怕她太难过,我决定去北京看看她。

我和她相约在第一次见面的地方,几年前的歌手依然在唱经典歌曲,见到她的时候,她已经帮我点了鸡尾酒,我微笑寒暄,和她大话家常,彼此诉说好久不见的日子。

也许我们俩都是比较念旧的人,不约而同提起了去798那次,我嫌弃她那个时候的傻样,给她翻看我拍的各种"丑照",她大笑直骂我是损友。翻着翻着,我们俩都沉默了,那是一家画廊门口的字,写着"人一生所追逐的,不过是延续少年时的梦想",她抿抿嘴,那是陈丹青先生的话。

其实我几乎已经遗忘殆尽,没想到她一直记得。

我嘴巴张张合合,不知道说什么好,怕一不小心翻出她的痛楚,让悲伤逆流成河。

她似乎看出了我的担忧,搭住我肩膀,说:"放心吧,姐们儿硬着呢! 本姑娘天生傲骨绝不服输,不日就会卷土重来。"

我看着她信誓旦旦的样子,忽然有些心疼,也有些难过。

那天在酒吧里,我们俩不诉衷肠,不谈离殇,推杯换盏,潇洒得像爷们儿。

最后将要散场的时候,酒吧里允许客人点歌,我点了一首范玮琪的《最初的梦想》,我看到她泪光点点,不知道是醉着笑还是醒着哭。

她抱着我痛哭的模样,卸下铠甲都是脆弱的忧伤。

那天我送她回去,她后来给我发短信,她说,如今深夜饮酒,杯子碰在一起,都是梦碎的声音,但是最想要去的地方,不可以在半路就返航。

我如鲠在喉,久久不知道回复她什么。

也许有梦想会坚持的人总不会被辜负吧,半年后,她的事业又风生水起,公司恢复运营状态。

在朋友圈我偶尔能看到她的动态,照片里她笑靥如花,亲自带团去了尼泊尔,我看了看,默默为她点赞。

认识她这几年来,我亲眼看见她努力变得强大、坚持、成长和蜕变的过程,有些励志,也让我有些心酸,在追梦的路上,我还是不够坚定,当初说好的梦想我还未曾到达。

梦想还是要有的,但必须用坚持、奋斗为它做铺路石,准备好了,最想去的地方才会闪亮到达。

最初的梦想紧握在手上,最想要去的地方,怎么能在半路就返航?最初的梦想绝对会到达,实现了真的渴望,才能够算到过了天堂。

未来的每一次绽放,都会有曾经感动过自己的岁月

于 杨

时间飞逝,岁月如玉,每一段成长的经历显得如此珍贵。我们在拥有和失去之间做着自己的选择, 用伤痛和泪水抒发着生活的无奈。在人生路途中,渐渐看到最初的感动和勇敢,用真实质朴的画笔,描绘出精彩的未来。

甘梦晴,是我的闺密,也是我们宿舍里最牛的人物,不仅在学科专业方面学得扎实,生活和工作中一样是女强人的典范。

大学毕业后,我们不停地在网上找着工作,记得我舍友小露那段日子连自己最爱的韩剧都会割舍不看, 竟然现实得让我们吃惊。后来我们带着自己的行李,为了暂时缓解一些生活方面的问题,决定继续租房子住在一起。一个不足七十平方米的房子,我们在这里开始了各自不同的生活轨迹。

我们每个人都有梦想,当拖着疲惫的身体回到出租屋,彼此之间鼓励的话,总有那么几句会给你力量。成长会有伤痛,但每一处伤疤,都是未来的一次美好绽放。

那个叫甘梦晴的女生,似乎和我们有着不同的想法。从她的名字中,你或许就会发现,一个充满活力和正能量的符号。她说,

这是她的妈妈给她起的, 一个美好的寓意就这样注入了她的生命中。梦晴,有梦想的地方,充满晴朗和希望。那时的我们似乎并不知晓,梦想存活的意义是什么。

社会从来不会心疼谁,也不会包庇谁,自己的路,自己走。从曾经的失去选择到重新开始,或许就是成长路上的关键一步吧。

不知道大学四年是如何度过的,讨厌专业课的我,还算幸运地拿到学位证,后来并没有按部就班地从事与专业相关的工作,而是在家待业。因为要挣钱养活自己,就在网上开了个网店,没事上上网,和客户耍耍嘴皮子。

可谁说我们的人生注定要碌碌无为,似乎我的人生,美好还没有开始。

甘梦晴曾和我说过她要弥补在大学里搁置的梦想。她的梦想,是我们不曾想过的。因为喜欢吉他和钢琴,又擅长文字描述,所以她希望以后可以往音乐创作方向去发展。而家境不好的她,在高考的时候没有选择去考音乐学院,而是学了五年的法律。就这样,在毕业后,她没有与我们一起,而是悄无声息地回家,开始书写梦想的现实。

梦想的意义,有时很伟大,也很渺小,但有时我们真的需要等待一个转折点,转个弯,似乎一切都是那么适合。大学的时候,我总是不务正业,组建过一个乐队,担任主唱的我,一直希望甘梦晴来我们的乐队。可因为她对自己有更高的期待,大学四年并没有做什么，一直很认真地学习专业课。而后来毕业后，乐队解散，各自流浪。我丢了梦想，但听说甘梦晴一直在努力为了这个曾经共同的梦想而奋斗，令人欣慰。

最近一次的见面是在今年的夏天，已经两年没有见面的我们，还是依然如初。她曾给我的微信发消息："小左，这次我们一起见证梦想的诞生吧。"

"什么啊，你又折腾闹哪样？"我无心地回复着。

"算了，见面你就知道了。"对于每次的这种吊胃口，我早已习以为常。

太阳毒辣地照射着马路上的人们，似乎把他们脸上的汗水无限放大，告诉彼此，没有人可以避开那些必经的挫折和磨难，每个人的经历不多不少。

我们约在一个咖啡店见面，那是一间特别复古的小木屋，人气爆棚，但我从来没有进去坐过，总感觉自己的气质实在不适合这么有情调的地方。很巧，我正在门口纠结着，甘梦晴也来了。

"小左，怎么不进去啊。"熟悉的声音，让我想念依旧。

"噢，梦晴，你怎么想起来这间咖啡店？"梦晴漂亮得令我窒息，已经无法形容她的模样。

"没有啊，进去吧。"梦晴笑着回答。

你想过两年后的梦晴，曾经也为梦想犹豫踌躇的她的改变吗？真的令人感叹，励志的教科书，要膜拜一下。

　　这家咖啡店的钢琴师，就是梦晴。这里的老板是一家传媒公司的总监，看重梦晴各方面的可塑性，加之梦晴一直很喜欢音乐，写作的能力很强，考虑会签约这家公司。当听着梦晴云淡风轻地说着，我除了羡慕，更多是在反思自己，当初为什么没有坚持自己的乐队梦想。

　　"梦晴，你打算要签约吗？那你火了一定不要忘记我哦。"

　　"小左，你记得我在微信上和你说的那句话吗？让我们一起见证梦想的重量。"

　　"什么意思，我们一起？"

　　"小左，我知道你一直在等一个机会，你的心里并没有丢掉那个乐队的梦想，现在我们把它重新启动吧。其实你很优秀，只是你没有勇气去重新开始，两年的积累和付出，相信已经积淀了很多的内容。"成长的态度，是你说自己可以，就没有人会阻挡你。

　　已经泪流满面的我，哽咽到抽泣，除了友谊的感动，不得不说的还有梦晴把我积压尘封的梦想再次打开。

　　"梦晴，等一等，我大概知道你的意思了，可我真的不知道该如何选择开始。"

　　"我知道你的恐惧，别怕，有我呢，资源没关系，我两年也不是白混的。你只管好好努力。"

　　后来我们的梦想重叠在一起，而梦想一直都会在那里等候，等候我们起身把它拾起,装进口袋,用力飞翔。

梦想只是说说那么简单吗? 那段日子,鬼知道我们都经历过什么。

梦晴还在进行她的文字创作,每天晚上都在拼命码字,有时饮食不规律,被胃病折磨得去医院输液,还在不停写作。后来梦晴每天都会在早上五点出门跑步,为了给自己的身体加一份保障。

而我也在竭尽全力地去写歌词,作曲,我们把自己的时间安排得满满的,每天都要把事情排到深夜以后,常常在朋友的录音室度过一个个挣扎的夜晚。而梦想的重量,足以支撑我到未来。当你开始改变的时候,全世界都会为你让路。

因为没有了大学的乐队,一切都要重新开始,好在梦晴咖啡店的老板鼎力支持,我们周末可以在咖啡店里做驻唱。刚开始,我们的合作并不顺利,但我们都坚持唱下去。我们会各自在家练习发声和技巧,会在 KTV 里整夜整夜地练习唱歌,直到虚脱。我们也会崩溃到在包间里失声痛哭,但我一直觉得我们是幸运的,因为彼此陪伴,寻找着我们最执着的梦想。

一步步地用力奔跑,一次次地用力坚持,看到自己的成长,不由得感到欣慰。

每一次的演唱,都是一份试卷,每一次的创作,就好比是我们养育的孩子, 怎么可以抛弃, 只希望它们可以吸取更多的营养,快快长大。

有一次梦晴对我说:"小左,我觉得我们需要去吸收些养分,去进修吧。"

或许两个人在一起久了, 想法都会如出一辙, 梦想没有忘记,而这一步会是通往成功的关键的一扇门。

梦晴因为家里条件比我好,选择出国去学习,其实她也纠结了很久,因为这或许是我们分开距离最远的一次。我知道这是一次难得的机会,所以作为好朋友的我,选择无条件支持她。

送走了梦晴,决定考音乐学院研究生的我,每天忙到连吃饭都要被提醒,我想那时准备考研的我,大学四年里都没有过那样认真。曾经的我会因为懒惰而渐渐偏离梦想,但这一次的努力,让我感动到不能自已。

梦晴和我不管白天多忙,都会深夜视频,韩国也不过有一个多小时的时差而已。我们彼此鼓励,互诉苦水,分享一些不同的知识。那时的日子再苦,也不觉孤单。那份跨国的力量,加之梦想的星空,我们知道,倔强的勇气,会是未来最大的褒奖。

三年后,梦晴回国,并没有告诉我,我忙着准备毕业论文。后来见面是在一家写字楼的门口,那是我第一次走进那样气派的高层,后来我们便驻扎在那里,签约了传媒公司。我和梦晴带着激动的心情,小小奖励了自己,去穷游了三个城市。那是我们一直期待的旅行,等旅行结束后,我知道,路很长,梦在未来。

虽然我们还没有真正拥有最绚丽的舞台, 也没有看到梦想顶峰样子，但我们相信时间的积累和努力的付出，都会得到回报，那是对自己的一种肯定，对彼此的鼓励。敢想敢做的人，永远值得尊敬。

成长的路上，带着从无所谓的稚气，到独自承担的勇气，我们一路跌跌撞撞，磕磕绊绊。幸好我们在彼此身边，在最难熬的日子里，互相鼓励，艰难走过。相信不愉快的时光，终将过去。未来的我们还会笑着说出曾经的伤痛，把这段故事，写成风景，飘向远方。我们将用坚定的步伐，一路同行，向着梦想迈进。

曾无数次幻想过未来是什么样子，也无数次怀念过学校的青葱岁月。好像时间的风筝已经隔断了现实的束缚，就这样，我们可以随风摇摆，也可以坠入生活的谷底，感受着未知的一切。努力，坚忍，坚持，放弃，迷茫，交织在我们那满目疮痍的生活中，但你身边有没有这样一群人，像超人一样无所畏惧，像蜘蛛侠一样可以轻松完成目标？或许你只看见到表面，而这其中的精髓，不过是你忽略的那一点，敢做敢想，才会看到未来的曙光。成长的路上，一切都是值得的，带着最初的感动，坚定走向远方。

成长路上的弯路,不过是为了成就一个更好的自己

席之宸

漫漫人生,本就没有真正选错了的路,走过才知个中滋味,试过才懂是否适合。尘埃落定之后蓦然回首,你终会发现,那些成长路上走过的弯路,终究还是成就了今天更好的自己。

一年前,徘徊在人生十字路口的我,请了年假,准备去上海旅游散心,结果机缘巧合之下,在动车上偶遇了一位学者。

学者四十来岁,举止优雅,学识渊博,见识甚广。许是同为女性,很多话题不谋而合,一路畅聊,我仿佛推开了新世界的大门。

于是,捡了个合适的时机,我向学者道出了一直萦绕心头的困惑。

我说,其实就在不久之前,我侥幸地通过了省考,得以进入政府单位,拥有了传说中的"铁饭碗"。这本是父母和我一直追求的结果,然而,真正如愿以偿的那一刻,我却突然有些茫然。

我告诉学者,其实,最开始决定备战省考,是因为发现自己确实很喜欢写作,但是,与此同时,我也很清楚,写作终究只能作为爱好,在此之前,我必须先解决温饱问题。而进入政府单位,是

我在几经思量之后觉得最为两全其美的方法，因为这种清闲稳定的工作，能够让我在保证基本生存的前提下，有足够的时间和精力去追逐梦想。

本是出于试一试的心态去参加考试，结果却大大地出乎了我的意料。看着录取名单上的名字，我莫名地竟然从心底涌上一股恐慌，倒不是害怕未来清闲的生活会渐渐腐蚀我的斗志，而是害怕自己无法负担起这个选择背后的机会成本，害怕将来的自己会后悔今日的决定。毕竟，人的青春就只有一次，而女生的青春更是短暂。在最好的青春里舍弃扎实的专业技能而去进行写作，万一将来发现，自己其实并不适合走写作这条道路，那么，岂不是浪费了奋斗的最好时光？

我告诉学者，现在的我很是迷茫，对未知的未来的恐惧，让我有种想要逃避现实的冲动。

学者很安静地听我说完，才很是中肯地说道："说实话，如果你是来问我究竟应该怎样选择的话，我也不能给你一个准确的答案。毕竟，你的人生是你自己的，能够判定自己究竟是否适合走这条路的人，只有你自己。

"我是觉得，如果你真的喜欢写作，那就尝试着按照你自己最初的规划走走，你不去试试，永远不会知道，这条路究竟是不是你想要走的路。而且我觉得，成长的路上，本就没有选错了的路，最多，你会走点弯路，但是终有一天，你会发现，曾经所走的弯路,不过是为了帮助你成就一个更好的自己。"

见我似懂非懂,学者莞尔一笑,没有继续解释,反倒和我说起了她的曾经。

我也是这个时候才知道,原来,学者从前竟然还是一个高中教师。

学者淡淡说道,在她还年轻的时候,她的父母曾经一再向她灌输这样的一个观点,说女人这一生,不用太拼。因为比起事业,更重要的是婚姻。找份稳定的工作,嫁个好老公,而后相夫教子,平淡过一生。

这个观点对她影响很深,以至于长大之后,她按照父母的指导,成了一名中学教师,而后结婚,为了更好地照顾家庭,让丈夫没有后顾之忧,很快她便辞去了工作,成了全职太太。

日子就在平淡如水中悄然逝去,偶尔一人独处的时候,她会望着雪白的天花板,思考着自己这样的选择是否正确。但是,看着身边牙牙学语的孩子,想想父母平淡是福的教诲,她便硬生生地找各种理由说服自己,让自己不要多想。

然而,遗憾的是,事实就是事实,哪怕用再多的借口堆砌,错误也不可能变成正确。

已经忘了从什么时候起,她发现自己和丈夫之间越来越没有共同话题,丈夫的生意越做越大,回家也越来越晚,她的心里隐隐有了察觉,却还是自欺欺人。直到有一天,丈夫向她坦白,她才知道原来丈夫早就出轨了。

她的世界观在那一瞬间彻底崩塌,她冲着丈夫歇斯底里地大叫,向他哭诉这些年她的付出。然而,丈夫什么都没有说,只是淡淡地撇下一张离婚协议书,扬长而去。

后来,她才知道,丈夫恋上了生意上的一个合作伙伴。在一个傍晚,她抛下自尊不管不顾地杀到了那个女人的公司,本想大闹一场,却在看到那个女人的那一刻,兵败如山倒。那个夺了她丈夫的女人,一头黑发盘起,梳得一丝不苟,妆容精致,一身黑色的小套裙干练整洁。她正在和客户交谈,淡雅的脸上闪烁着自信和干练,神采奕奕,浑身上下都散发着一股迷人的魅力。

那一刻,学者才幡然醒悟。其实,在她决定故步自封的时候,这段婚姻就注定要以失败告终。毕竟这个世界上婚姻是最讲究平等的,不仅仅是物质上的门当户对,更多的应该是精神上的平等沟通。灵魂若无法平等交流,感情自然也就无处可栖。

学者说,也是在那时候,她才彻底明白,其实,所谓父母认为适合你的道路,并不一定真的适合你。因为父母的指导乃至他们所谓的人生经验,只是基于他们的认知,甚至于还有很大一部分,是传承于他们的父母。然而,这个世界每天都在变化,那些陈旧的思想早已经远远地被这个日新月异的时代所抛弃了。

也是那一刻,她看到现在的教育体制存在着很大的漏洞。她突然觉得,比起孩子,或许,父母才是最应该接受教育的人。

那个晚上,她把自己一个人锁在了空荡荡的房间里,在那黑暗的一夜,她完成了人生第一次蜕变,当清晨第一缕阳光射进屋子的那一刻,未来的路豁然开朗。

这一次,她不哭不闹,安安静静地签了离婚协议书,重新拾起被自己遗忘的梦想,踏入早已陌生的社会。这一次,她的目标很明确,她选择了一家新兴的创业公司,全身心地投入家庭教育之中,而这一次去上海,便是应邀去那里举办一场讲座。

我有些唏嘘,既感慨学者的坚强,也感叹学者的勇气。虽然学者对其重出江湖的经历一笔带过,但是不用想也知道,个中滋味定是辛酸异常。

心中百感交集,我有感而发,情不自禁地说出了心中的话:"那段日子,您一定过得很辛苦吧?"

学者笑着点头,虽然眼底仍旧有些许黯然,但是很快,便被释然所取代。

学者说,毕竟和这个社会脱节太久了,重新踏入社会的时候,来自各方的压力曾经一度让她喘不过气,可是,每每想放弃的时候,眼前总是不经意地浮现出那段失败的婚姻。她一直相信,如同她一般被所谓父母经验坑害的孩子定是不少。她希望借助自己的力量,能够尽可能向那些故步自封的父母传递一些新的思想,尽量减少自己这样的悲剧。虽然这个梦想实现起来很是艰难,但这些年她的努力总算还是有了回报。

最后,学者笑着感慨,事到如今,她反而有些感谢当初那段失败的婚姻,如若不是她曾经因为盲从了父母所谓的经验,现在的她也不会深切体会到当下教育体制的缺陷,也就不会真切地知道自己究竟想要走一条怎样的道路;如若不是曾经有过做教师的经验,如今她也不能够在众目睽睽之下侃侃而谈。其实,人生本来就是用来闯的,走过才知道个中滋味,试过才知道什么才是自己想要的。

学者一席话宛如醍醐灌顶,我的眼前豁然开朗。是啊,我们总是害怕自己选错了人生的道路浪费了最好的青春,总是想着要为自己选择一条最适合的道路后再开始努力拼搏。可是,我们却忽略了,没有人是在一开始就知道哪条路是最适合自己的,所有的事情,经历过了,才有资格评判。在成长的起点上,你要做的只是听从自己心底的声音,用最好的青春去实践自己真正想要走的路,大浪淘沙之后,才能知道自己想要的究竟是什么。别在最初就因为害怕走错而踟蹰不前,因为成长路上根本就没有走错的路,所有你走过的弯路都是为了成就一个更好的你。

六个半小时的车程转瞬即逝,下车前,我和学者交换了微信。学者说,希望她的经历能够对我有所帮助,我很是感激地点头,并且真诚地道谢。

走出火车站,我和学者分道扬镳,学者优雅地和我道别,缓缓地走进霞光中。我目送着她离开,直到那一抹倩影彻底消失在拐角,才再次冲着虚空说了句谢谢。

　　反手将背包甩到肩上,我抬手拦了一辆的士。人流如织,车水马龙,车灯伴着高楼大厦的灯光,像一幅绵绵不断的画卷在我眼前不断延伸。我轻轻摇下车窗,清凉的夜风吹得我精神一振,我想,我已经找到了我想要的答案了。